怯まず前へ

常に結果を
出し続けるチームと
強い心の作り方

東洋大学陸上競技部
長距離部門監督
酒井俊幸

ポプラ社

日頃の練習では選手1人ひとりから目を
離さず、小さな変化も見逃さない

大学のトラックでの練習中の様子。各選手の状態やペースを見ながら声掛けします。

ポイント練習の前には、その日の練習メニュー、ペース設定、注意事項などを説明。練習の目的を選手たちに理解させることも大切

グラウンドでの一コマ。和やかな雰囲気で、みんなでポーズを取る

2017年末のクリスマス会。年に一度、寮内で開くパーティーを選手たちは楽しみにしている

蔵王（山形県）合宿の写真。夏場は選手の目標などに応じて高地などで複数回合宿を行います。

2015年末、第92回箱根駅伝を前に、報道陣に練習を公開

監督就任1年目、初采配となった2010年の第86回箱根駅伝で優勝。手に持っているのは優勝監督賞の金杯

2012年の第88回箱根駅伝で、往路4連覇の優勝テープを切るキャプテンの柏原竜二選手

2014年の第90回箱根駅伝、7区の服部弾馬選手への給水シーン。初の箱根となった1年生に短時間でアドバイスを送った

往路優勝を果たした2019年の第95回箱根駅伝は、優勝を意識した金のジャージに。相澤晃選手を4区に起用する采配が見事に的中

OB柏原選手の2012年箱根駅伝優勝時のシューズは、直筆サインと共に監督室に飾られている

三大駅伝で実際に使用したたすき。左は箱根、右は全日本で使われた

選手の時間割表。各部員の講義のスケジュールが一目でわかるよう、一覧にしている

オリジナルの「東洋ダルマ」。毎年、箱根駅伝前に片目を入れ、優勝した年には両目を入れている

はじめに

箱根駅伝は毎年、違うメンバーで準備して戦います。スタートラインに立つまでに、さまざまなことを乗り越えなくてはなりません。その高い壁を乗り越えられたときに、最高の準備ができたといえます。

箱根駅伝で勝つことは目標ですが、それがすべてではなく、人生の過程で考えればさほど大きなことではありません。チームも個人も、優勝を目指すことによって一歩ずつ成長していくのだと思います。

東洋大学（以下、東洋大）陸上競技部は１９２７年に創部し、90年以上が経ちました。箱根駅伝には１９３３年の14回大会から、戦争による中断や予選落ちによる不出場を除いて77度出場しています。出場回数では、中央大学（以下、中央大）、早稲田大学

（以下、早稲田大）、日本大学（以下、日大）、法政大学（以下、法政大）に続く伝統校です。

しかし、決して強豪校ではありませんでした。１９６０年に3位に入っているものの、たいていは10位前後。私が在籍していた１９９０年代もそうでした。

そこに、日本体育大学（以下、日本体育大）から実業団の旭化成で活躍し、２０００年シドニー五輪マラソン代表の川嶋伸次さんが２００２年に監督となり、環境整備と改革が進み、上位を狙えるチームに転じていきました。

やがて、２００９年の85回大会で「新・山の神」と呼ばれた柏原竜二を擁《よう》して初優勝。実に67度目の挑戦で勝ち取った、箱根駅伝で史上最も遅い優勝でしたが、これまでに優勝４度、11年連続で3位以内に入り、常に頂点を目指すチームに成長を遂げました。

学生時代にケガが多く、貧血に悩まされていた自分が、母校の監督になるとはまったく思っていませんでした。

故郷の福島で高校の教員をしていた私が東洋大に来たのは２００９年４月。経緯については後に詳しく述べますが、大学から要請を受け、決断し、就任するまでは約３

カ月半で、あっという間に月日が流れていきました。

箱根駅伝で初優勝した直後であり、柏原竜二というトップランナーがまだ2年生で残るチームの監督を引き受けるのは勇気がいりました。

先述の通り、当時はまだまだ常勝ではなく、強力なライバル校もそろっていましたので、次年度以降も勝てる保証はなかったのです。

高校時代に目立った実績のない選手がほとんどでしたし、周囲も「どうせ、たまたま一回勝ったくらいだろう」と思っていたでしょう。そして、選手は感情のある人間ですから、引き受けはしたものの、険しい道のりになるであろうことは想像できました。


それでも私は、学生スポーツにおいて常に強いチームを作るためには、必然的にやらなくてはいけないことがあるという思いでここまできました。

雰囲気を作ることが、人作り、チーム作りにつながります。

4年間で選手が入れ替わっても、チームが同じスピリッツを維持するために言葉の力を使う、つまり「その1秒をけずりだせ」というスローガンを共有することで、チームカラーやチームの文化を正しく理解できるようにしてきました。

選手たちには、チームに染まるのではなく、チームのなかで育ってほしいと思っています。

そのために、「凡事徹底」を習慣化しています。

私の役割は、駅伝を通じて心を作ること。「心を鍛える」のではなく「心を作る」ことで、謙虚な姿勢で感謝を感じられる素直な心とそれを表現できる選手になってほしいと願っています。

2019年度は監督就任11年目です。歴代の監督方、卒業生たちが築いてきた伝統を継承しながら、再び黄金期を作り、強い東洋大の姿を見せられるよう、選手たちと共に挑戦を続けます。

2019年10月

東洋大学陸上競技部　長距離部門監督　酒井俊幸

怯まず前へ　もくじ

第1章 チーム作り

第2章 チームワーク

第3章 采配

第4章 体調管理

第5章 世界への意識

第6章 フィジカルトレーニング

〈巻末資料〉

ブックデザイン　萩原弦一郎（256）
編集協力　石井安里
写真　松本健太郎、東洋大学
　　ベースボール・マガジン社
協力　東洋大学
※本書の内容は2019年10月現在
のものです

第1章
チーム作り

多様性に富んだチームを作る

私が東洋大の監督に就任したのは2009年4月、第85回箱根駅伝で初優勝した後でした。箱根駅伝の5区で区間新記録を出し、優勝に貢献した柏原竜二が2年生になり、エースとしてけん引していました。当時は柏原の力が抜けており、彼だけが別メニューで練習することもありました。

ただ、チームとしては、箱根駅伝を走った主力メンバーが卒業した後で、柏原がいるとはいえ発展途上でした。就任して数年は、駅伝のためのチーム作りが核となりました。つまり、みんなで同じトレーニングをして強くなろう、という方針でした。

柏原の2学年下には、高校時代から実力があった設楽啓太（現・日立物流）、悠太

（現・Ｈｏｎｄａ）兄弟がおり、駅伝にとどまらず、世界を見据える選手が出てきました。そのため、トレーニングも一律ではなく、だんだんと多様化していきました。

柏原は2年時にユニバーシアードの１０００ｍで8位に入賞し、２０１１年の世界選手権を目指すことも考えていました。また、設楽兄弟らの2学年下に、高校トップレベルだった服部勇馬（現・トヨタ自動車）が入学してきたことで、**特に就任5年を過ぎてからは、トレーニング方法、出場レースの選択など、個人に合わせることが増え、柔軟性を持った指導法に変わっていきました。**

東洋大の特徴として、選手たちの在籍する学部や就学キャンパスが分かれていることから、全員がそろうのは朝練習のときだけです。数人ずつ、４つ、５つに分かれて練習する日もしばしばで、時間帯によっては1人だけの練習を見ることもあります。私たち指導スタッフもそれを受け入れ、多様性に富んだチーム作りをしています。

２０１９年度は4年生の相澤晃が世界を視野に入れているので、彼が卒業後、スムーズに実業団に移行できるような指導をしているところです。後で詳しく述べますが、競歩の川野将虎（３年）が東京五輪50㎞競歩の代表に内定していますし、長距離も3年生以下に今後世界を目指す選手がいれば、それぞれに合ったトレーニングを組んでいきたいと思います。

２０１９年9月15日には、マラソン代表選考レース「ＭＧＣ（マラソングランドチャンピオンシップ）」が東京都内で開催されました。この大会は、２０１７年夏から19年春までに指定された大会等で一定の条件を満たした男子34人、女子15人が参加資格を得て、当日は出場辞退者や欠場者を除く男子30人、女子10人がスタートラインに立ちました。

これまでマラソンの代表選考は、気象条件やコースが異なるいくつかの大会から、男女各３人を選出していましたが、本番で活躍できる選手を公平公正に選ぶために新たな選考方法としてＭＧＣが設立されたのでした。

東洋大からは、全大学で最多の５人のＯＢがＭＧＣに出場しました。なかでも、前・日本記録保持者の設楽悠太は序盤から飛び出し、37㎞過ぎまで独走。最終的には14位でしたが、多くの方に名前を覚えていただけたのではないでしょうか。何もしないで終わっていたら、〝設楽悠太〟の名に何のインパクトもなかったでしょう。

もしかしたら、「設楽は失速したではないか」と言う方もいるかもしれません。ですが、そう話題になるだけでも、一流への階段を上っている証拠です。人から褒められることも一流の証ですが、ときには批判されることも一流になるためには必要なこと。大舞台であれだけ果敢に攻めのレースをしたのですから、伝説を作ったと思います。

これからも設楽流を貫いてほしいですし、同年齢の大迫傑選手に破られた日本記録の奪還を願っています。

そして、最後は服部勇馬が2位に入り、五輪代表に内定しました。勇馬は学生時代からマラソンで五輪を目指し、在学中の2016年リオデジャネイロ五輪に挑戦しました。当時はもう一歩のところまでいきましたが届きませんでした。その教訓や経験が今回に活きました。

オリンピック代表へ初めての挑戦だったら、乗り越えられないこともあったはず。4年前に本気になって臨み、本気でくやしがり、己を振り返り、自分を乗り越えることができて、他の選手よりアドバンテージがあったのだと思います。しっかりと準備してきたことから表れる充実感を感じ取れましたし、冷静に走っていたのが印象的でした。

ＭＧＣの男女上位２人は五輪代表に内定し、残る1枠はファイナルチャレンジといって、２０１９年冬から20年春にかけての指定大会で日本陸上競技連盟が定めた派遣設定記録を上回った最も速い選手が、いなかった場合にはＭＧＣで３位の選手が選ばれます。男子の派遣設定記録は２時間05分49秒と、大迫選手が持つ日本記録（2時間05分50秒）に匹敵するハイレベルです。ＭＧＣ３位だった大迫選手がファイナルチャレンジに出て代表をつかみに行くのか、派遣設定記録を突破する選手が出ないと見てそのまま待つのか、注目を集めていますが、悠太を含め、ＭＧＣに出場した山本憲二（現・マツダ）、髙久龍（現・ヤクルト）、山本浩之（現・コニカミノルタ）らにも諦めずに挑んでほしいと思います。

そこにチーム東洋として力になれるのなら、現役の選手たちも加わっていきたいと思います。相澤もパリ五輪でマラソン出場を目標にしています。パリ五輪の選考の前に選考レースに立っておく経験は後に大きな経験となります。それが日本記録更新を狙うレースならばなおさらのことです。

今の段階で自分の力がどこまで通用するのか。箱根駅伝の後にきちんとしたマラソンの準備ができれば、相澤のマラソン出場を本気で考えるかもしれません。

「礼を正し、場を清め、時を守る」

監督就任後は家族で埼玉・川越キャンパス内にある陸上競技部の寮に引っ越し、学生たちと共に生活することになりました。長男がまだ2歳でしたし、当初は生活環境を整えることで精いっぱいでした。

初めて寮に行った日のことで覚えているのは、寮内が乱雑であったこと。当時、監督不在で代行監督の佐藤尚さんも激務で寮にいることが少なく、統括する立場の人や汚くても注意する人がいない。

優勝すればトロフィーや盾、記念品をもらい、全国各地の陸上関係者、東洋大関係者からお祝いの花や品物をお贈りいただいていますが、それらがただ置かれているだけ、積み上げられているだけでした。優勝する前提がないから、飾るところがないのです。

そこで、まずは全員に寮内の片付けをさせました。丸一日近くかかりましたが、それだけ乱雑だったということを実感したはず。また、一方的に指示をするのではなく、私たちスタッフも一緒になって行い、またキャンパス内のクロスカントリーコースも整備することにしました。

清掃が適当だったり、玄関が汚れていたりするのは、心の乱れでもあります。

当時、陸上競技部の寮の向かいにあった硬式野球部の寮は古くても整然とされていましたし、部員も挨拶がしっかりできていました。

東洋大の硬式野球部は多くのプロ野球選手を輩出し、全日本大学野球選手権で4度優勝している強豪です。

生活態度と競技実績、チーム力は比例するもので、それは陸上も野球もまったく同じ。学業、清掃や挨拶、顔つきや素行、それらは24時間つながっていて、すべて結果に出てしまうのです。

「礼を正し、場を清め、時を守る」

私は学生たちと、部の指針を作りました。

日常生活では「個の自立と自律」、「互いを尊重し合うこと」を両立できるチームを目指しています。

常に仲間のことを思い、いたわりの心を持つ選手が増えていけば、チーム全体が陽の雰囲気に包まれます。

寮内では水槽に熱帯魚を飼ったり、生花を飾ったり、外の花壇に花を植えたり植栽をしたりしています。選手にとっては癒しになっているようです。

花壇の花は私の妻が用意しますが、草むしりや枯れた花の摘み取りは学生たちの担当です。

生き物は手を抜けば簡単に死んでしまうし、花は枯れる。水槽や花壇を見れば、チームの現状がわかります。人任せにせず責任を持つことは、自分のチームに誇りを持つことにつながります。すぐに気づいて行動する習慣を身につけてほしいのです。

私が着任した年に入学してきた選手たちは、清掃を丁寧に行い、生活態度がしっかりした学年でした。

なかでも、柿本崇志は4年生になった2012年にプレーイングマネジャーとなり、練習をしながらマネジャーの業務をこなしました。魚の世話や水槽の清掃もとても丁寧で、生活面から下級生の手本となり、チームを支えてくれました。

卒業後は実業団のダイハツで、女子選手を引っ張るランニングコーチをしています。ダイハツは東洋大のOBである林清司さんがエグゼクティブアドバイザーを務めており、マラソンで日本を代表する選手たちが在籍している強豪です。

走りながらサポートするには、自身も体調管理に気を配り、継続してトレーニングをする必要があります。柿本の細やかな性格や、学生時代からの地道な取り組みが活きています。

感謝の心を言葉にする

箱根駅伝は注目度が非常に高いので、きらびやかな世界であると勘違いしてしまいがちですが、あくまで学生スポーツです。学生スポーツは教育であるという本質を崩してはなりません。

学生らしく真摯《しんし》に向き合うことで、箱根駅伝の魅力も増します。

実際に応援に来られる方々は、一生懸命に努力する姿、喜んだり悔しがったりする表情、その瞬間、瞬間を見たいと思って足を運ばれるのではないでしょうか。

大切なのは謙虚な気持ち、そして感謝の心です。

今ある環境も、競技を続けられることも、大会に出場できることも決して当たり前ではない。親、家族、送り出してくれた恩師、友人など、応援してくださる方々に支えられているのだから感謝しなくてはいけないと、選手たちには話しています。

また、学生の大会は、日本学生陸上競技連合や関東学生陸上競技連盟に所属する学生幹事たちが中心になって運営しています。同じ学生ですから、それぞれの授業もあるなか、円滑な大会運営のために夜遅くまで事務作業をしています。出場する選手だけが脚光を浴びるわけではないのです。

近年はたくさんの方々から陸上競技部にご支援をいただいていますが、たとえば卒業して間もないOBが差し入れを買うのはいかに大変なことか。逆の立場になったときにできるかどうか。それらを説明したうえで、皆さんが時間とお金を使って来てくださることに対し、言葉を口に出して感謝するようにしています。思っていても口に出さないのは、感謝の心がないのと同じだからです。

ここ最近は、ご支援いただいた方には私がお礼の電話をかけたうえで、学生たちからお礼状を書いて送るようにしています。

２０１８年度は、競歩の池田向希と成岡大輝がお礼状を書いていました。２人とも高校時代には全国で入賞した実績がありますが、当時からマネジャーの業務を兼任しており、大学でも裏方の仕事を手伝ってくれていました。生活態度も真面目で、池田は３年生になった２０１９年に20㎞競歩でユニバーシアードの金メダルを獲得、世界選手権で６位に入賞しています。

チャンスは平等

就任当初は大学陸上界全体のレベルがどの程度のものかわからず、手探りの状態でしたが、5月の関東学生対校選手権（以下、関東インカレ）、9月の日本学生対校選手権（以下、日本インカレ）、10月の出雲全日本大学選抜駅伝競走（以下、出雲駅伝）、11月の全日本大学駅伝対校選手権（以下、全日本大学駅伝）といった主要大会を通じて、チームとしてどこまで戦えるのか、そして他大学の力も見えてきました。

関東インカレ、日本インカレは学生最高峰の大会です。長距離のみならず、短距離、跳躍、投てきなどすべての種目の総合得点を争う対校戦なので、各大学の部員による集団での応援が非常に盛り上がり、選手たちにとっては1年間のなかでも思い入れが強い大会ではないでしょうか。

また、島根の出雲大社〜出雲ドーム間を走る出雲駅伝、愛知・熱田神宮〜三重・伊勢神宮間で行われる全日本大学駅伝、正月に東京・大手町〜神奈川・箱根芦ノ湖を往復2日間で競う東京箱根間往復大学駅伝競走（以下、箱根駅伝）は、「学生三大駅伝」と呼ばれています。

就任1年目の2009年度は箱根駅伝に初優勝した後で、5区の区間記録を作った柏原がいたことから、一躍、注目されるようになっていました。

しかし実際は、学生三大駅伝すべてに勝つことは厳しい状況でした。自チーム、他校、それぞれの戦力を分析した結果、出雲駅伝と全日本大学駅伝は下級生や未経験の選手を積極的に起用しながら、箱根駅伝の優勝に的を絞ろうと決めました。

選手たちにはまず、基本方針として、**「チャンスは平等に与える」**と伝えました。

当初は寮の収容人数の関係で全員が入れず、なかにはキャンパス外に居住している者もいました。それを全員が同じ寮で生活できるようにして、食事、採血、ウェアなどの身に着けるもの、すべてを平等にしました。

全員に目が行き届くようにしたいという思い。そして、初めは競技力がなくても、努力を重ねていけば花開くタイミングがあるので、その芽を摘まないようにしたいという思いでした。


主力が抜けた後もチーム力を維持するには、全体の底上げを図ること、選手層を厚くすることが一番の課題でした。


レギュラーメンバーを固定してしまっては、ほかの選手たちの士気が下がります。

互いに競争し合えるチームを作るためにも「チャンスは平等」と伝え、下級生や前年度には駅伝に出場する機会がなかった選手たちの成長を促しました。

出雲駅伝と全日本大学駅伝では1年時に駅伝の経験がなかった2年生たちを中心にメンバーを組み、箱根駅伝には長い距離を得意とする4年生を入れました。それぞれの個性や持ち味を活かしたチーム作りができ、選手たちもメンバー入りを諦めずに練習に励んでいました。

出雲駅伝の2区に2年生の山本憲二を起用したところ、上級生から「どうして入れるのか」という疑問の声が上がりました。高校時代にも、1年生のときにも、目立った実績がなかったからでしょう。

しかし私は、「今後のためにも出雲を経験させる」と考えを通しました。憲二は夏合宿でも与えられた練習をすべてやり遂げ、出雲駅伝の6km前後の距離が彼に合っていたからです。

次の全日本大学駅伝はエントリーメンバーからは除きましたが、箱根駅伝で16人のエントリーメンバーに入れると、またも「出雲駅伝の区間6位くらいで、なぜ入れるのか」と言う上級生がいました。そこでも私は、「十分に練習を積んできているし、次につなげたいから」と説明し、納得してもらいました。

憲二は結局、箱根駅伝本番では起用しなかったので、2年生のときは出雲駅伝のみの出場でしたが、3年目に箱根駅伝の10区で区間賞を取り、4年生のときには主要区間の3区で一歩も引かない走りで区間2位と好走して優勝メンバーになりました。

現在は、実業団チームのマツダのエースとしてチームをけん引しています。

２０１８年２月の東京マラソン、19年３月のびわ湖毎日マラソンの２大会で好成績を収め、ＭＧＣに出場。初めての五輪挑戦でプレッシャーもあったのでしょう。16位と力を出し切れませんでしたが、これからさらに力をつけると信じていますし、いずれ日本を代表するマラソンランナーになってほしいと期待しています。

エースに頼るのではなく、エースを活かす

指導者には、何度か転機が訪れるものです。私にとっても、東洋大チームにとっても、箱根駅伝の3連覇に挑んだ2010年度が大きなターニングポイントになりました。

この年は双子の設楽啓太、悠太兄弟など、有力な1年生が入学した一方で、3年生エースの柏原が不調でした。

ケガもあり、心身の疲労が重なった柏原は、スランプに陥りました。

そんなとき、私に焦りがあったら、本人はさらに不安な気持ちになります。秋の駅伝シーズンになれば、柏原なら絶対に上がってくると信じていましたし、彼にも「大

丈夫だ」と言い聞かせました。

三大駅伝初戦の出雲駅伝は、初めて柏原を起用しませんでした。本人は走れると思っていたようですが、私は「絶対に起用しない。竜二のためにならない」と言い切りました。柏原の力がチームにとって大きいことは間違いありませんでしたが、そこは譲れません。

柏原は現地にも連れて行かなかったので、レース当日は大学で授業を受けていました。設楽兄弟ら3人の1年生を起用して4位という結果は悔しかったでしょうが、その悔しさを必ず次への発奮材料にするのが柏原という選手です。

次の全日本大学駅伝では、柏原を2区に起用しました。1区の啓太が1位で柏原につなぐ好スタートを切りましたが、肝心の柏原がいつになく不安そうな表情を浮かべていたのです。

1位を守ったものの、本来の躍動感ある走りが見られず区間4位。早稲田大の1年生だった大迫選手に差を縮められてしまいました。チームは最終的に3位でレースを終えました。

ただ、3年時まで駅伝の経験がなかった本田勝也が好調で、出雲駅伝5区、全日本大学駅伝3区で共に区間2位に入りました。高校時代はまったくの無名選手だった彼が、「メンバーに入ったからには区間賞争いをするんだ」という気概を見せてくれて、チーム全体がその頑張りに救われました。

柏原は箱根駅伝に向けて徐々に調子が上がっていきました。

当時は、12月中旬に記者会見を開いていたのですが、私はその場で柏原に「絶好調宣言」をさせました。

取材を受ける表情が強《こわ》ばっていましたし、自らの口で絶好調宣言をすれば前向きになる。そんな、心理的な効果を狙いました。ライバルたちも柏原の動向に注目していたので、あえて言わせたのです。

出雲駅伝と全日本大学駅伝はいずれも早稲田大が制しましたが、箱根駅伝には主力2人がケガで出場できなくなりました。特に、5区を走ると聞いていた佐々木寛文選手の欠場で、私たちにも気の緩みが出ました。

「柏原の調子が上がっているから大丈夫だろう」という雰囲気があった東洋大に対し、欠場者が出たことでいっそう結束した早稲田大――その差が、2011年の第87回箱根駅伝で前半戦の攻防に表れました。

1区では、早稲田大の大迫選手がわずか1㎞で飛び出しました。それまでの1区はスローペースで進み、ラスト勝負になることが多かったのですが、大迫選手が常識を覆しました。

プレッシャーの掛かる区間ですから、なかなか勇気が出ないものです。東洋大は3年生になった川上遼平を起用しましたが、川上も初めての箱根駅伝で、とても緊張していました。区間賞の大迫選手とは2分01秒差の8位。トップから30秒以内なら合格点とされる1区で、大逃げを許してしまいました。

本来は前年に1区を走っている3年生の宇野博之を起用したかったのですが、ケガ明けだったこともあり、距離の短い4区にまわしました。

1年生の設楽悠太を起用することも考えましたが、悩んだ結果、万能な川上に託すことにしました。区間を伝えるのが遅くなったことで、川上も心の準備が整わなかったかもしれません。川上が安心して走れる環境をつくれなかった私の責任でした。

監督である私が区間配置に迷ったときは、たいていうまくいかないものです。

2区の設楽啓太、3区の設楽悠太、4区の宇野は、3区間を合わせても早稲田大と53秒差でとどめました。ただ、1区の差はあまりに大きく、4区の宇野で3位に浮上したものの、5区の柏原に渡ったときには早稲田大との差が2分54秒ありました。

過去2年の柏原は4分以上の差を逆転してきたとはいえ、このときの調子ではもっと小差で渡したかったのが本音です。柏原自身も「3分差はデカいなと思った」と後から話していたほどでした。

それでも彼は秋までの不調が嘘のように、不調な時だからこそ自身を奮い立てて前年よりも速いペースで突っ込む気力を見せ、見事に早稲田大を逆転して往路3連覇を果たしてくれました。

しかし、往路2位の早稲田大とは27秒の僅差でした。翌日の復路では、6区で早稲田大に逆転され、そのまま2位でゴールしました。

「エースを活かすチームと、エースに依存するチームではまったく違う」

エースの柏原に頼っていてはいけない。改めてそう思い知らされた敗戦でした。その教訓が、翌年、柏原を活かすチーム作りにつながっていきました。さらには、設楽兄弟が上級生になったときにも、他の選手を育て、次のエースを育成しておくチーム作りができたのです。

「監督の覚悟」が勝敗を分ける

２０１１年の箱根駅伝で優勝した早稲田大の総合記録は10時間59分51秒でした。それまでの大会記録が11年前の駒澤大学（以下、駒澤大）の11時間03分17秒だったのを、早稲田大が一気に10時間台に引き上げました。負けたとはいえ、東洋大も11時間00分12秒の大会新記録。１位と２位の差が21秒というのは、大会史上最小でした。

東洋大が初優勝した２年前が11時間09分14秒、連覇した１年前が11時間10分13秒ですから、大幅に縮めたのですが、それでも早稲田大に勝てませんでした。

私の戦略、戦術が早稲田大の渡辺康幸・駅伝監督（現・住友電工陸上競技部監督）に負けました。気象条件に恵まれたものの、まさか11時間を切るとは予想していませんでした。

「11時間3分を切れば勝てるだろう」と考えていた私に対し、渡辺監督ははじめから11時間を切るくらいの気持ちでいたそうです。

覚悟が違っていました。

渡辺監督は早い段階から学生駅伝三冠を宣言して、実際に成し遂げました。優勝した後を想定し、選手たちに胴上げをしてもらうときに楽に持ち上がるよう、空いた時間に走って減量までしたのです。

「やってみせ、言って聞かせて、させてみせ、ほめてやらねば、人は動かじ」

山本五十六の名言にあるように、指導者が本気で実践して、「勝つぞ」と言って聞かせる。

渡辺監督のような、現役時代にスター選手だったカリスマ性のある方が実際に走っている姿を見れば、選手たちも動きます。

早稲田大は、気迫に満ちていました。

「5区までに絶対に東洋を離す」

柏原から逃げ切るために、1人ひとりが強い思いを持っていました。東洋大も8区の千葉優、9区の田中貴章、10区の山本憲二が3連続区間賞を取りましたが、早稲田大も上級生たちが区間2、3位で走ったので、一気に差が縮まることはありませんでした。それでも、3人はよく追ってくれたと思います。

アンカーの憲二は最終的に21秒差、距離にして100mほどのところまで追い上げました。憲二は最後まで前だけを見つめて、すごく良い表情で走っていたので、後で陸上関係者から「山本君はいい顔をしていたね」と言っていただいたこともありました。

憲二に勢いがあったので、早稲田大のアンカー・中島賢士選手も、運営管理車に乗る渡辺監督も気が気ではなかったようで、何度も後ろを振り返っているのが見えました。

中島選手がゴールしたときには、「ああ、届かなかった」と思いました。追っても、追っても届かなかった。早稲田大がゴールした瞬間、その臙脂《えんじ》の背中とガッツポーズの光景は今でも鮮明に覚えていて、忘れることができません。

早稲田大は高校時代に全国トップクラスだった選手がずらりと並ぶエリート集団でしたから、スピードが求められる出雲駅伝や全日本大学駅伝は本当に強かった。個人のプライドを捨て、ユニフォームの胸にある「W」に対するプライドを持って、なりふり構わずぶつかってきた。本来であれば私たちがやらなくてはいけなかったことを、相手にやられてしまいました。

私はゴール後の大手町で、選手たちに吠《ほ》えるように訴えました。このときは無心で言葉が出ました。魂の言葉でした。

「早稲田には能力の高い選手たちが入学しているのだから、同じ練習、同じ取り組みをしていては勝てない。3倍も、4倍も努力しなくてはならない。**君たちが3倍も4**

倍も努力するのなら、指導者も同じようにグラウンドで３倍、４倍と努力する。一緒にやっていこう」

11時間を切るレースに勝つには、私も覚悟を決めなければなりません。ある意味、精密機械のように、序盤の入りを考え、ペース配分を組み立て、適材適所の配置をしなくては勝てない。今までのやり方ではなく、常識とされることの概念を打ち破っていこうと誓いました。

その1秒をけずりだせ

負けたときこそ、大胆な改革が必要です。

早稲田大に負けた2011年の箱根駅伝の10日後、私は新4年生になる柏原をキャプテンに指名しました。

当時、東洋大ではキャプテンが箱根駅伝を走れないというジンクスが5年も続いており、それを断ち切るためにも、柏原のような強いキャプテンシーが欲しかったのです。

闘将として、先陣を切ってほしい。私は柏原に言いました。

「柏原に任せる」

すると彼は、「監督に言われたからにはやります。言葉だけでなく、走りや行動でみんなを引っ張ります」と答えてくれました。

もし、箱根駅伝に勝っていたら、柏原は断ってきたかもしれません。負けた後だからこそ、自分が先頭に立って引っ張る覚悟があったのでしょう。

2011年度のスローガンは、**「その1秒をけずりだせ」**に決まりました。

箱根駅伝の敗戦を振り返ったとき、選手たちからは「全員が1秒、1秒を大切にしていれば……」といった言葉が聞かれました。

「21秒」は1人でも何とかできる差です。でも、「俺が何とかできた」ではなく、「1秒をみんなで背負う」という思いから、「その1秒をけずりだせ」が誕生しました。

走った10人だけではない。指揮した私はもちろん、サポートにまわった部員にも背負うべき責任がありました。

そこで、「自分たちから何かできないか、生み出せないか」という意味で「けずる」

という表現にしました。初めは「1秒をけずりだせ」でしたが、後から「その」を前に付けました。

「その」に込められた思いもあります。

人と場面を「その」に当てはめてみる。人ならばライバル、お世話になっている人、または誰かに勝利を届けたいとイメージするのもいいでしょう。場面ならば勝ったシーン、負けたシーン、思い出のシーンなど。「こうなりたい」と想像しながら、それぞれの思いを込めようという意味で、「その」を入れました。

思いを胸に挑んだ2012年の第88回箱根駅伝で王座奪還を果たし、「その1秒をけずりだせ」が東洋大らしさ、そしてチームカラーである鉄紺の走りにつながっていきました。

当初は2011年度のスローガンでしたが、継続しているうちに、東洋大のチーム・スローガンとして定着しました。

2013年度には、当時2年生だった服部勇馬がマジックで腕に「その1秒をけずりだせ」と書いて駅伝に臨んだことから、徐々に他の選手も書くようになりました。自らを奮い立たせたり、苦しいときに腕の文字を見て気合いを入れたりするために、現在では多くの選手が自発的にやっています。

言葉を作ること、チーム作りのためのスローガンは本当に大切だと実感しましたし、選手が入れ替わっても受け継いでいかなくてはいけない走りがあると改めて気づかされました。

たまたま誰かがいたから勝てたのではない。どんなときでも諦めない、見ている人々に何かが伝わる走りを目指そう。

そのために、レースだけでなく日常生活から1秒をけずりだそう、と選手たちには話しています。

東洋大の象徴は、最後まで諦めない走り、画面を通じてでも伝わる闘争心です。

「鉄紺」の「鉄」にふさわしく、意志が固く、誰からも必要とされる選手になるように。凡事徹底して強い人間、強いチームを目指していきたい。

調子が良いときだけ走れるのではなく、常に再現性のある走りをこれからも求めていき、条件が悪いときにこそ強いチーム、力を発揮できるチームを目指します。そして、常に再現性のある走りをこれからも求めて、東洋大を巣立った後も自立して、さらなる走りを追求できる基礎をつくっていきます。

「TU」の目指すチーム論

東洋大陸上競技部のユニフォームは鉄紺色で、胸に「TU」のマークが入っています。

TUのデザインは、「LSD理論（長距離トレーニング法の一種）」を広く普及させた佐々木功・元監督がデザインしたと聞いています。

私はTUのデザインが好きです。ユニフォームはインカレ用と駅伝用があり、デザインは異なります。

学生時代、インカレ用のユニフォームは4年間一着のみで、自分で購入しましたが、駅伝用のユニフォームは箱根駅伝の16人にエントリーされることで毎年支給されました。

私は4年生の時に、エントリーメンバーに入りながらも走ることができませんでした。着用しなかったTUのユニフォームは、今も包装袋に入れたままの状態で大事にしまってあります。当時の悔しさをいつも忘れることはありません。それでも一生の宝物です。

TUに対する想い入れは大きく、このTUをさらに光り輝くものにしていきたいと考えます。

次代に向けてTUのブランド化を図るためにも、勝ち続ける、負けないチーム作りが必要だと私は思います。それには、仮に主力選手がケガをしても新たに戦力となる選手を輩出し、成績を落とさないチーム作りが求められます。

優勝するためには、さまざまなレース状況や気象条件に順応できる個人のタフさや、変化に対応できるチーム作りが求められます。規律が強く、個性や個人の力が委縮されるようなチームでは勝てません。

勝つチームは、1人のエースや指導者だけが組織を牽引するのではなく、部員それぞれに役割を与え、責任やリーダーシップを分散させるようなチームです。

みなが別々の方向を向いていると、当然ながら組織としての結果は出ません。あくまで変化に対応しながら、組織の目標に向かって、人材の力を最大限に引き出すことが大切です。

箱根駅伝で優勝するためにどのような戦い方をしていくのかというビジョンや戦略が、組織全体に浸透しているのが強いチームです。

そして、この組織のなかで、自分の役割が何かを自覚できているかどうか。任された範囲内で他のメンバーをリードしていく自覚をそれぞれに持たせることで、複数のリーダーシップが生まれます。

継続的に勝てるチームになるためにも、役割と責任を分担できる組織をつくっていきたいと考えています。

第2章

チームワーク

「走力＝チーム力」ではない

チームの雰囲気を作るのは4年生です。

２００９年度の４年生は、世古浩基、工藤正也の２人を第86回箱根駅伝に起用しました。

全日本大学駅伝が終わってから、チーム内での選考レースを何度か実施したところ、そこで上がってきた選手もいました。下級生と比べて派手さはありませんでしたが、彼らが諦めずに頑張ってくれたおかげで、12月末のクリスマスあたりには優勝を狙えるだけの布陣が整いました。

初めは世古を起用する予定はありませんでしたが、チーム内での選考レースをきっちりこなし、箱根駅伝に向けてもぐんぐん調子を上げてきたことから、当時18・5㎞と最も短かった4区に起用しました。

東洋大は3区終了時に9位とやや遅れていましたが、世古が区間4位の好走を見せ、2つ順位を上げて5区の柏原につなぎました。

世古はもともと能力のある選手でしたが、食生活など生活面の自己管理が足りていませんでした。そこを見直し、4年目に結果が出るようになりました。

力を出せない選手には、必ず原因があります。原因を正しく解明し、選手の背中を押すのが指導者の役目であると学びました。

世古からタスキを受けた柏原が逆転して往路2連覇を果たし、翌日の復路も6区から1位をキープしました。8区を終えた段階で2位の山梨学院大学（以下、山梨学院大）と5分25秒差があったので、このまま無難につなげば勝てると確信しました。

工藤は復路のエース区間である9区に起用しました。それまでまったく実績のなかった選手をいきなり9区に置くのは珍しいことです。しかし彼の場合は3年生までの地道にトレーニングで素地ができていて、私が着任した4年目には徐々に要領をつかみ始めていました。

部内では寮長の役職にあり、明るい性格で同期からも後輩からも人望が厚い選手でしたから、いきなりの大舞台でも信頼していました。区間10位ながら確実につなぎ、重責を果たしてくれました。

最終的に他校のブレーキ等に助けられた部分はありましたが、4年生たちの頑張りがあって私は就任1年目から優勝監督となることができました。とても運の良い監督だと思います。

前年度の箱根駅伝初優勝のメンバーに1人も入れなかった学年でしたが、考え方や行動が大人な選手が多く、チーム運営をしっかりやってくれました。良い意味でプライドが高くない彼らが最上級生だったことで、就任したばかりの私もやりやすかったです。

1年間、チームを支えていたのは釜石慶太でした。1、2年生のときに箱根駅伝で5区を走りましたが、3年生では出場できず、キャプテンとして迎えた最後の年も外れてしまいました。

できることならメンバーに入れたかったです。しかし、残念なことに12月初旬に発熱して体調を崩したため、実家に帰しました。その後、病院で診察を受けたところ、新型インフルエンザだったといいます。

彼は、泣きながら私に電話をかけてきました。私も彼が努力してきたことは十分に知っていましたが、やはり万全でなければ、たとえキャプテンであっても、実績があっても入れるわけにはいきませんでした。

体調が回復し、戻ってきてからの釜石は、献身的にチームをサポートしてくれました。朝練習は誰よりも早くグラウンドに出て、風呂掃除もトイレ掃除も買って出ました。その背中を見て、他の選手たちも動くようになりました。

いつもミーティングのときに釜石が話をすると、後輩たちは真剣に耳を傾けていましたし、言葉の選択が上手な選手で、就任したばかりの私と選手たちとのパイプ役にもなってくれました。

卒業後は山形県の上山市役所に勤務した後、2012年春に母校の仙台育英高校の女子陸上部監督に就き、2017年には全国高校駅伝で23年ぶりの優勝に導きました。

ほかにも、中学校の教員になって生徒を全国大会に出場させた者もおり、実業団とは違う道でそれぞれに活躍しています。

「走力=チーム力」ではありません。

走力が多少劣っていたとしても、言動で引っ張っていける4年生がいれば、雰囲気はぐっと良くなり、結束力が高まります。

「友達」ではなく「仲間」

学生スポーツはチームワークが非常に大切です。

2011年度は、キャプテンの柏原をはじめとする4年生がリーダーシップを発揮しました。箱根駅伝で早稲田大に敗れた後、「闘将」として柏原にチームを牽引《けんいん》してほしいと願って彼をキャプテンに指名しましたが、当の柏原は言葉で仲間を鼓舞するのではなく、自らの走りで、背中で引っ張るタイプでした。

柏原は質の高い練習でも歯を食いしばってこなします。練習が「きつい」と口にすることはあっても、「やりたくない」とは絶対に言わないし、愚痴《ぐち》もこぼさない。少々大げさな表現かもしれませんが、「命がけで走る」と公言していました。

だからこそ、中途半端は許さない。少しでも練習で手を抜く選手がいれば、厳しく注意しました。

柏原たちの学年は、互いにライバル意識が強いのも特徴でした。柏原に対して闘志をむき出しにしていた田中貴章は、身長が低く、足のストライドが短いという不利な面を練習量でカバーしました。「やったぞ田中！」と往路表彰で柏原が叫んだ名前です。

仙台育英高校出身の川上遼平は普段は穏やかですが、高校時代には柏原より実績があったので、内心では負けたくなかったはずです。そんな仲間たちを柏原も認めていましたし、良き仲間であり、良きライバルでした。

「その1秒をけずりだせ」をスローガンに掲げ、1秒をみんなで背負い、日常生活から1秒をけずりだすチームを目指したこの年は、柏原だけに負担が掛からないよう、4年生たちが協力し合っていました。

とても仲が良い学年でしたが、決して群れていないし、一緒に行動することも少ない。それでも、いざというときの結束力がありました。

「僕らは友達ではなく仲間」

そう言い切り、なかなか面と向かって言えないような台詞《せりふ》も口にして、本気で相手のことを思いやる。仲間とはなるほどこういうものなのか、と私も感じ入りました。

また、川上や田中、宇野博之らが下級生との橋渡し役になるなど、4年生それぞれが自らの果たすべき役割を全《まっと》うしていました。下級生とのコミュニケーションも取れており、おかげで、風通しの良いチームになりました。

「本気」がチームを成長させる

「日々は小さな奇跡で成り立っている。大きな奇跡を成し遂げようと思ったら、小さな奇跡に気づいて、日々やるべきことをやる。生かされた者として、やらなければならない」

2011年は、忘れられない大きな出来事が起こった年でした。

3月11日の東日本大震災です。

私たち夫婦は福島県出身ですが、東洋大学陸上競技部には柏原をはじめ、当時は福島県出身の部員が6人もいました。家族はみな無事でしたが、私と妻の実家も、部員たちの実家も被害に遭いました。

冒頭は震災後に部員たちに伝えたメッセージです。

柏原は、下級生のころは人前に出ることがあまり好きではありませんでしたが、震災後は「自分にも何かできないか」と率先して復興支援イベントに参加しました。東北の人たちに元気を与える、そして感動を届ける走りをしたいという意志が強かったのでしょう。彼は、好きな陸上ができる、練習できるのは幸せなことだと言っていました。

「苦しいときこそ、諦めずに懸命に走る姿を見せよう」

私も選手たちも、使命感に燃えていました。

初めて本気で学生駅伝三冠を狙ったこの年、出雲駅伝では１区の柏原が気負いから６位とやや出遅れました。しかし、２区から追い上げ、３区の設楽悠太、４区の田中、5区の市川孝徳（現・日立物流）と連続で区間賞を取りました。田中でトップに立って、アンカーの設楽啓太が初優勝のテープを切りました。

柏原の遅れを他のメンバーで巻き返すという過去にない勝ち方で、柏原頼みからの脱却を目指したチーム作りが実を結びつつあると実感できました。

ただ、自信は慢心にもなります。次の全日本大学駅伝では、主導権を握ることができず、アンカーの柏原に渡ったときには1位の駒澤大と1分40秒もの差がついていました。

柏原は走り出す前、私にこう言いました。

「2位もシード落ちも一緒なので、初めからハイペースで行きます。僕に任せていただけますか？」

私は柏原の気迫を感じました。

1年前のこの大会では自信がなく、レースが怖いくらいだった彼が、闘将と呼ぶにふさわしい男に変わっていました。

私は「任せる」とだけ言いました。

逆転は難しい差でしたが、柏原は最後まで諦めることなく攻め、33秒差まで追い込んで区間賞を取りました。

2位でゴールした柏原は、珍しく泣き崩れました。本気で頂点を狙っていたからこそ、自然と涙があふれたのです。

柏原が泣き崩れながらゴールテープを切るシーンは、4年間で一度きりです。感情で走る選手なので、周りに伝える力も大きく、チームメートにもその思いは伝わっていました。

「諦めたらダメなんだ」「箱根駅伝は絶対に勝つ」という気持ちが強くなりました。

特に下級生が殻を破り、本気になった。チームが成長する敗戦でした。

このときは、選手たちが2位で悔し泣きをしていました。勝ちたい気持ちが強かったからです。しかし、彼らに闘争心が感じられなかったときには注意します。良い走りができないこと、負けたこと自体に叱るのではなく、勝つ意欲がなかったり、諦めてしまっていることは東洋大の目指す走りではありません。

三冠が消えたことは悔しかったですが、全日本大学駅伝を落としたことで、箱根駅伝に向けてもう一度チームワークを高めていくことができました。

大切なのは、最後まで諦めない心です。気持ちは走りにも大きく影響するのです。

駅伝は総力戦

勝てるときは、適材適所の配置ができたときです。

２０１２年の第88回箱根駅伝では、１区に宇野を起用しました。４年間、ケガが多かったのですが、その分、補強など、できる限りのことを懸命にやる選手でした。宇野は勝負度胸のある選手で、早稲田大の大迫傑選手と31秒差の４位と流れを作ってくれました。

２区の設楽啓太、３区の山本憲二、４区の田口雅也（現・Ｈｏｎｄａ）もそれぞれ区間上位でつなぎ、４年間で初めて、５区の柏原に１位でタスキが渡りました。

柏原は前に抜く相手がいると燃えるタイプで、追いかけるときに真骨頂を発揮する選手でしたが、このときは「みんながトップで持ってきてくれたのだから」というポジティブな気持ちで、いっそう頑張れたのだと思います。

柏原は4区の田口の姿が見えたときは感極まったのか、涙を浮かべていましたが、その後は笑顔に変わってスタートしていきました。そして、4年間で最も速い区間新記録で箱根の山を駆け抜けました。

チームとしても、5時間24分45秒の往路新記録。2位の早稲田大に5分07秒差と、ライバル校が諦めるような差をつける狙い通りのレースでした。

駅伝のセオリーに従えば、復路は安全運転で勝ちにいくレースを選択することもできました。しかし、そうではなく、攻め続けて、見ている人にメッセージが伝わるような精悍《せいかん》な顔で走ろうと、全員が気概を示してくれて、王座を奪還しました。

6区の市川が区間賞、7区の設楽悠太が区間新記録、8区の大津顕杜（現・トヨタ自動車九州）が区間賞で、8区が終わった段階で2位の早稲田大に9分01秒差が付きました。

9区は前年に区間賞を取っている田中でしたが、このときは不調でした。それでも、

９区は田中しかいないという信頼感が、チーム全体にありました。最後は当日のメンバー変更で入れた10区の齋藤貴志が、力強い走りで区間賞を獲得しました。

総合記録は10時間51分36秒で、前年に早稲田大が作った大会記録を1年で8分15秒も更新しました。私たちスタッフのなかには、「10時間54分台はいけるかもしれない」という期待はありましたが、さらに上をいく、まったく想像していなかった記録が出ました。これこそが東洋大が1年間目指してきた走りであり、**「苦しいときこそ前へ、怯《ひる》まず前へ」**の精神でした。

以来、「怯まず前へ」は「その1秒をけずりだせ」のチーム・スローガンと同じように大切なワードとなり、駅伝のときに片腕に「その1秒をけずりだせ」、もう片方の腕に「怯まず前へ」とマジックで書いて走る選手も増えています。

この年は、今滝耕作、菅原達矢という2人の4年生マネジャーの存在が非常に大きかったです。今滝はインカレで入賞経験がある競歩選手で、菅原は短距離選手でしたが、共に4年生の秋に競技を引退後、マネジャーに転向しました。

2人とも現役を終えて、「ひたむきに努力する長距離の仲間たちのために、自分ができることは何かないか」と考えた末の決断でした。

マネジャーのリーダーである主務として支えてくれた今滝は、一度言ったことを即座に理解してすぐに行動に移してくれました。また、普段は別々に練習している短距離部門に属していた菅原が、長距離のサポートを買って出てくれたこともありがたかったです。2人とも教員志望だったこともあり、周りがよく見えていました。

このように、異例の総力戦で挑んだ箱根駅伝で優勝することができ、新しい「チーム東洋」の結束力を見せられました。

支え役の存在がチーム力を左右する

駅伝は出場選手だけではなく、控えの部員を加えた総力戦です。

２０１３年の第89回箱根駅伝で日本体育大に敗れて２位となり、翌日の１月４日に設楽啓太をキャプテン、設楽悠太を副キャプテンと、双子の兄弟を新しいチームリーダーに指名しました。

これは私の一瞬のひらめきで即決したこと。コーチ陣に話したところ、初めはとても驚いていましたが、すぐに賛成してくれました。チームとして、負けた後には何かを変えなくてはならないという考えは、私もコーチ陣も共通していました。

本人たちの内諾を得ようとすると断られそうなので、朝練習のときにテレビ取材のカメラが入っている前で伝えました。早朝だったせいか、2人ともボーっとしていましたが、すでに決定事項だと言い聞かせました。

2人はもともと、人の上に立つような性格ではありませんでしたが、役が人を作るもの。いろいろな経験をして、感性を磨いていきました。

また、2学年上の柏原の姿を見てきたことで、走力だけではなく日常生活での立ち居振る舞いや言葉に責任を持つこと、チーム内で存在感を示すことなど、みんなに認めてもらえるようになろうと変わっていきました。

設楽兄弟をキャプテン、副キャプテンにすると選手たちに伝えたとき、みな走力的には納得するも、キャラを考えると驚いた様子でした。

設楽兄弟の学年は、3年時までは小池寛明が学年主任、大津が副主任でした。学年ミーティングでもこの2人を中心に話し合っていましたが、それでもキャプテンとなってからの啓太はミーティングで率先して発言するようになりましたし、そして、小池ら同学年の仲間たちも設楽兄弟を支え、見守っていました。

支え役がしっかりしている学年はまとまりがあり、チームワークも良くなります。

ただ、駅伝での結果は変わらず、出雲駅伝、全日本大学駅伝で共に2位でした。柏原らが卒業した後、2012年の出雲から13年の全日本まで、三大駅伝で5大会連続2位と、勝てそうで勝てない大会が続きました。

全日本大学駅伝でゴールした後の選手たちの表情は、悔しさを通り越し、自信をなくしきっていました。

もう一度、選手たちの心に灯を点けたい。私は思い切って、彼らに言いました。

「100回やったら、100回負ける」

チーム内にある膿《うみ》を全部出し切ろうと決め、全日本大学駅伝が終わった晩、現地の宿舎でミーティングを実施しました。メンバーとして走った8人だけでなく、補欠やサポートの選手たちにも発言させました。

ミーティングは中身が大切です。この大会には、サポート役としてメンバー外の4年生を全員連れて行ったこともあり、中身の濃い話し合いができました。

また、埼玉・川越の寮に帰った翌朝にも、4年生だけを集めてこう伝えました。

「このままでは、箱根でも負けてしまう。設楽兄弟に頼るのではなく、活かすチームにしよう。箱根だけは譲れない。主力を往路につぎ込み、往路優勝を取りにいくぞ」

出雲駅伝と全日本大学駅伝の敗戦を、絶対に無駄にしたくありませんでした。敗因はある程度わかっていました。

駅伝に最も必要な結束力が足りなかったのです。

選手たちには徹底的に話し合うように言い、その後のミーティングの中身や進行方法も改善しました。

そこでも、マネジャーやメンバーから外れた4年生たちの存在が大きかったです。

さらに、私の妻や幼い息子たちが間に入ったことで、温かい家族のような雰囲気がチーム内に生まれました。

箱根駅伝が近づくにつれて一体感が出てきて、メンバーの調子が上がってきたことから、12月中旬には勝利への手応えを感じることができました。

そして迎えた２０１４年の第90回箱根駅伝で、２年ぶりに王座を奪還しました。総合記録も10時間52分51秒と、「10年先を行く記録」とまで言われた２年前のチームから、わずか１分15秒遅れただけでした。

チームの結束、一体感の大切さを、改めて知った大会になりました。設楽兄弟も愚痴をこぼさず、淡々と練習をこなし、チーム内のモデルとなってくれましたが、エースである彼らを活かすことができたのも、脇を固めた選手たちがフォローしたおかげでした。

最優秀選手賞（ＭＶＰ）にあたる金栗四三杯は大津が獲得しました。

金栗四三さん（１８９１〜１９８３年）は箱根駅伝の開催に尽力された方で、五輪のマラソンに３度出場し、日本では「マラソンの父」と讃えられています。箱根駅伝では金栗さんの功績に敬意を表し、2004年の80回大会から最優秀選手に金栗杯を授与しています。

東洋大では柏原が3度受賞していますが、このときはアンカーで区間記録に9秒と迫ったことが認められ、大津が受賞しました。これには、本人も周囲も驚きました。

大津は過去2年、8区を走ったスペシャリストでしたが、大会前の調子が上がらず、起用しないことも考えました。それでも10区に起用しようと思ったのは、ケガをせずに練習できていて、長い距離に強いこと。もう1つは、10区特有のビル風の影響を受けにくい走りだからです。

不思議なことに、10区に起用すると告げた途端に調子が上がってきました。

区間の発表や意思確認の仕方で、選手のコンディションは大きく変わります。

メンバー発表のやり方は毎年同じではなく、個人にそれぞれ確認するとき、全員を集めて一気に発表するときなど、さまざまです。

大津は何事にも手を抜かない性格で、たとえば体操1つをとっても模範となるような選手でした。同じ熊本出身の大先輩、金栗さんのお墓参りに何度か行ったこともあるそうです。努力する選手には運が巡ってくるし、神様がご褒美をくださるものだとつくづく感じました。

大津が2年生で初めて箱根駅伝を走ったとき、母校の千原台高校の先生は出場することに驚き、区間賞の走りにさらに驚いたそうです。選手というのは、1つのきっかけで思ってもみなかった成長を遂げることがあります。

大津が2年生のときは、できそうもないことでも、できる限りの努力をしようと頑張っていました。できないことへの挑戦と基礎の徹底が、彼の長所でした。

特に箱根駅伝のように、プレッシャーが掛かる大舞台を走り切って、周囲から評価してもらえると、自信が生まれ、やがて次の目標設定にもつながります。選手の能力に蓋《ふた》をしないことも指導者の重要な役割です。

人格を尊重する

リオ五輪が行われた2016年は、チーム運営が難しい年でした。

4年生エースの服部弾馬（現・トーエネック）が五輪代表を目指していたので、前半は個人のことに集中させたいと思い、あえてキャプテンから外し、真面目で信頼が厚い橋本澪（現・マツダ）を任命しました。

さらには、4年生の松永大介（現・富士通）が、20㎞競歩で一足先に五輪代表に決まり、慌ただしいシーズンになりました。

副キャプテンとなった弾馬は、五輪選考大会となる日本選手権が6月に行われるため、４月、５月はそれに向けて動いていました。また、松永の五輪本番に向けたトレーニングがあるので、私も７月は競歩の指導に心血を注ぎました。

「チームワーク」を優先するならば、エースが個人のトレーニングに集中することに対し、賛否が分かれるかもしれません。

しかし、五輪は特別な舞台です。まして、東洋大は６月の全日本大学駅伝選考会、10月の箱根駅伝予選会がなく、前期にピークを合わせるチーム戦が５月の関東学生対校選手権（以下、関東インカレ）のみだったこともあり、トラックで世界を目指す取り組みも可能な状況でした。

五輪に出るには、まずは参加標準記録を破らなければなりません。気候やレース展開、ピーキング、ペースメーカーの存在など、様々な条件がかみ合わないと出ない記録です。そこで弾馬は、関東インカレは１５００ｍに絞って、同時期に愛知県の中京大学で行われる記録会の５０００ｍに出ることにしました。実業団の選手が出場するレースで、記録を狙いやすかったからです。

関東インカレは学生にとって重要な大会です。東洋大は１部総合得点で上位を狙っているので、本来はエースの弾馬が２種目に出場して得点を稼がなくてはなりません。

ですがこのときは、短距離の監督も「オリンピックが懸かる大事なときだから」と理解を示して、背中を押してくれました。

チームを離れて個人合宿を組むこともありましたが、服部弾馬という選手は周囲にそれを認めさせるだけの存在でしたし、エースと呼ばれるにふさわしいオーラがありました。


この学年は、まるで「弾馬とゆかいな仲間たち」のような雰囲気を持っていました。全体的に穏やかで、性格の良い選手たちですが、個性も豊かでした。

責任感が強く、弾馬と共に主力だった櫻岡駿（現・NTN）、口町亮（現・SUBARU）が「弾馬の分も、自分たちが関東インカレを頑張るから」と奮起して、口町は2種目で入賞、5000mは3位で表彰台に上りました。

個性とは決してチームがバラバラになることではなく、個の力を結集すればチームワークに結びつきます。

結局、弾馬は日本選手権の5000mで10位となり、五輪出場は叶《かな》いませんでした。

ただ、彼の挑戦を仲間たちが快く応援してくれたことを十分に理解し、感謝の言葉をいつも口にしていました。だからこそ、駅伝シーズンはトラックシーズンの分を取り返すかのように、チームのために尽力してくれました。

出雲駅伝、全日本大学駅伝は口町がケガで出場できず、ブレーキもあったことから、それぞれ9位、6位と、私の就任以降では最低の成績に終わりました。そんななかでも、弾馬が全日本大学駅伝の１区で区間賞を取って意地を見せたのは収穫でした。

箱根駅伝に向けては、副キャプテンの立場にいた弾馬を「駅伝主将」とし、部全体のキャプテンである橋本と共にチームを盛り立てていました。

２０１７年の第93回箱根駅伝では、１区に弾馬、３区に口町、４区に櫻岡、５区に橋本と、４年生を往路に４人起用しました。

エースの弾馬を「花の２区」ではなく１区に起用したのは、２年生になった山本修二（現・旭化成）に２区を託せるだけの力が備わったこともありますが、弾馬にスターターとしてレースを壊すような走りを求めたからです。後輩の修二を楽に走らせるためにも、先手を取るためにも、ライバルたちを圧倒するような走りをしてほしかったのです。

しかし、ある程度想定できたことですが、彼が1区にいれば他校は警戒します。逃がさないよう、厳しいマークに遭いました。

弾馬はなかなか飛び出すことができず、ラスト1㎞のスパートで後続を振り切ったものの、2位の東海大学（以下、東海大）とは1秒差、最大のライバルだった青山学院大学（以下、青山学院大）ともわずか4秒差です。

思い描いていた通りにはいかないものです。ただ、区間賞という最低限の課題はクリアしました。

3区の口町は駒澤大の選手と競る場面がありました。

レース中には大八木弘明監督が運営管理車から自チームの選手に掛けた「男だろ！」の声を聞き、「これが噂《うわさ》の掛け声か」と思いながら自分へのエールと前向きに捉えたそうです。

終盤は口町らしいダイナミックな走りが見られましたし、4年生としての責任感に満ちていました。疲労骨折やアキレス腱痛を乗り越え、感動的なくらいにポイント練習を外さずにやり切った成果が出ました。

口町は2部（夜間）の学生でした。授業を終えて寮に帰ると24時近くになるなか、5時から朝練習に参加する、忍耐力のある選手でした。

5区の橋本は、この箱根駅伝が最初で最後の三大駅伝出場となりました。緊張からか、当日のコンディショニングに問題があり、彼本来の走りとはかけ離れたもので、目標の往路優勝は達成できませんでした。

翌日の復路は2・3年生5人で臨みました。9区の3年生・野村峻哉（現・安川電機）が区間賞を取り、最終的に2位に入りましたが、優勝した青山学院大とは7分21秒差が付き、3連覇を許してしまいました。

レース後、橋本は「自分のせいで負けてしまった。キャプテンとして申し訳なかった」とみんなの前で言いました。

理工学部に在籍する真面目で口下手な男が、1年間、チームを思い、チームのために動いてくれた。そのことを弾馬もわかっていたからでしょう。橋本の言葉に、弾馬の方が大粒の涙を流していました。弾馬は自分のことならここまで泣かなかったと思います。橋本の悔しさを自分の事以上に捉えたから感情が出たのです。

私はまず人格を尊重しています。

もちろん、走力があって、人格も良いに越したことはありませんが。陸上競技はタイムを競うスポーツですから、速いタイムが出れば、選手の自信になります。ただ、5000mや10000mのタイムが速い方が人間的に偉いわけではないと、私はよく言って聞かせています。

タイムが出なくても一生懸命に努力する選手、チームを支える選手がいます。社会に出たら、そういう人間が頼りになるものだと思います。

橋本らの学年には弾馬、口町、櫻岡といった主力選手がいましたが、全体的に走力は目立たない方でした。しかし、努力家、サポートを熱心にしてくれた選手、学業優秀な選手もいました。

山本信二は、兄の憲二、弟の修二と三兄弟で東洋大に在籍していました。二学年下の修二とは在学期間が重なっていたため、弟のことをいつも気遣い、面倒を見ていました。修二にとっては、とても頼りになる存在だったと思います。チームでは弾馬と共に副キャプテンを務め、三大駅伝こそ走れなかったものの、仲間のために献身的に動いていました。

リオ五輪の20㎞競歩で7位に入賞した松永は、個人で実績を残しただけでなく、寮長としてチーム運営をしっかりやってくれました。長距離の仲間を奮起させるため、「お前たちがダメだったら、俺が箱根を走る」とまで言ったこともあります。冗談ではなく、本当に箱根駅伝の5区を走ることを想定し、走るトレーニングをしていたのです。強い意志を持って、チームを動かす選手でした。

駅伝で優勝することはできませんでしたが、4年生として良い雰囲気のチームを作ってくれましたし、これまでと違ったチームワークを見られた1年でした。

サポートの力がチームの士気を高める

毎年12月10日に箱根駅伝のチームエントリーが終われば、エントリーの16人に入れず、卒業後に競技を続けない4年生は実質、引退となります。しかし、陸上部を去るわけではありません。

箱根駅伝本番はチーム全員で戦います。メンバーから外れた4年生がいかにサポートするかがチーム全体の士気に関わり、非常に大きな意味を持ちます。

「メンバーだけが頑張ればいい」というチームと、全員がまとまっているチームとでは、まったく違います。

メンバー外の選手たちの当日までの仕事は、清掃が中心です。キャンパス内には清掃業者が入っていますが、グラウンドをはじめ、競技と生活に使用するところは、自分たちできれいにしています。

グラウンドは落ち葉が多く、掃いても、掃いても、次々と溜まってしまうので、それをしっかりと回収します。寮内では床のワックスがけ、カーテンの洗濯等があります。清掃を徹底することで、ウイルス感染や体調不良を防ぐことができます。

1年生だけがやるのではなく、上級生がチームのために行動すれば、メンバー入りした選手も「みんなのために」という意識が高まり、一体感が生まれます。

ほかにも、外れた選手が練習で一生懸命に頑張る姿を見せれば、メンバーも「あいつがあれだけ走っているのだから」と刺激を受けます。下からの突き上げは、チームの活性化にもつながります。

また、元日には「元旦競歩」という全国区の大会があり、そこで競歩の部員が優勝すれば、翌日からの箱根駅伝に弾みをつけられます。

一口に「サポート」と言っても、いろいろな形があります。

箱根駅伝当日も、1人ひとりに役割が与えられています。監督の「采配」は、レースを走る選手の指揮だけでなく、メンバー外の部員をどう動かすかも常に考えています。

ただ、役割分担は私がすべて決めているわけではなく、マネジャーやサポートにまわった上級生など、学生主導で決定し、最終的に私が確認します。

サポートの部員は自分たちに何ができるのか、上級生を中心に考え、応援の仕方やメッセージボードの書き方も工夫しています。

本番に向けて選手が自分の体を仕上げていくように、サポートの部員もシミュレーションしているのです。

レース当日は、私も何区の何km地点に誰がいるか、一覧にして持っていきます。

運営管理車に同乗するマネジャーが司令塔となり、さらには本部員として寮に数名を待機させています。

サポート部員はたとえば2区と4区、3区と5区など、1人が2区間くらい担当するのですが、担当者は走っている選手に対して現在の順位、前後のチームとのタイム差などを迅速に、正確に伝え、本部にもしっかり情報を送る役割があります。走っている選手に対しては、沿道の声援で聞こえない場合もあるので、メッセージボードに書いて見せるようにしています。

ＬＩＮＥならば瞬時に連絡が来るので、走る姿を撮影してすぐに送ってもらうこともあります。また、前後との差を計ったら、次のポイントにいる部員にＬＩＮＥで送ります。選手は個人の区間順位も気になるので、「今、区間何位だよ」といった情報を伝えてあげるのも大切です。

ＬＩＮＥで送られてくる動画を見ると、選手の調子やその後どのような走りになるかわかるので、先読みして、次の地点にいるサポート部員に連絡します。

最適なポイントで、最高の言葉を掛けられるよう工夫しています。

短い言葉でも、選手の背中を押すことがあります。

年を経るごとに、サポートの部員が使命感が強くなり、「サポートの力でチームを押し上げよう」という雰囲気作りがしっかりできてきたのが、箱根駅伝で3位以内を継続している一因だと思います。

第3章

采配

「計算外」の状況にも対応できる準備

2012年度は10月の出雲駅伝、11月の全日本大学駅伝を共に2位で終え、2013年の第89回箱根駅伝だけは取りたいと考えていました。5区の絶対的エースだった柏原竜二が抜けた後で、山での逆転は難しいと踏み、序盤からリードを奪って逃げ切る戦法を採りました。

3区を終わった段階で2位の駒澤大に2分41秒差と、理想的な展開になりましたが、一方で計算外の状況も起こっていました。

「**強風**」です。

3区ですでに強い風が吹いており、湘南の海岸線沿いを走っているときには砂浜の砂が飛んできて、どの選手も悩まされていました。このときの３区にはＭＧＣに出場した選手が多く走っており、設楽悠太は区間賞を取りましたが、細身の体ですから、風がつらそうでした。区間２位だった早稲田大のエース・大迫傑選手でも、強風に苦戦して本来の走りができなかったほどです。

当日変更で４区に入れた２年生の淀川弦太（現・愛三工業）は三大駅伝に初出場で、向かい風には不向きなフォームでした。何とか１位を守ったものの、区間順位は11位にとどまりました。

続く５区の３年生の定方俊樹（現・ＭＨＰＳ）が箱根駅伝には初出場だったので、４区までに大量リードを奪いたかったのですが、追ってくる日本体育大の４区が風に強い選手で、ぐっと差を縮めてきました。５区の服部翔大選手からすれば、「これはチャンスだ」と気合いが入ったことでしょう。

３年生の服部選手は日本体育大のエースです。12㎞で２位の日本体育大と３位の早稲田大が並び、２人は一緒に定方を追ってきました。定方は15㎞手前で３位に落ちました。

定方は下り坂も得意な選手だったので、終盤の下りで粘ることができる、これ以上の差を付けられずにゴールしてほしいと願っていました。しかし、その希望は風に阻まれてしまったのです。淀川も定方も上に跳ねるフォームで、向かい風には不利でした。

一方、服部選手の走りは重心が低く、向かい風でも前に進みます。普通のコンディションなら、1分も開かなかったかもしれませんが、条件が悪いときは通常よりも差が付いてしまいます。

服部選手が17㎞あたりで早稲田大を引き離し、日本体育大が往路優勝。定方は終盤に足に痙攣《けいれん》を起こした早稲田大の選手を追い上げて4秒差に迫りましたが、往路3位、1位の日本体育大とは2分39秒もの差が付きました。

翌日の復路での逆転は簡単ではありません。それに、日本体育大は先頭を走ることによる効果で、想像以上の力が出るものです。

6区の市川孝徳は前年に区間賞を取ったときと同じ記録で走りましたが、日本体育大も健闘したため、16秒しか縮まりませんでした。日本体育大としては、復路で一番の課題だった６区を乗り切ったことで、７区以降が勢いに乗りました。７区からの４区間で全員が区間２位で走った日本体育大に対し、東洋大は１人も差を詰めることができず、最終的に４分54秒差を付けられて２位で終えました。

予想外の展開になったときのメンタル面の切り替えが課題になりましたし、箱根駅伝で、文字通り「風を読む」ことがいかに重要か、思い知らされた大会でした。

日本体育大の選手たちはみな、体幹がしっかりしていて、向かい風に強い体格、フォームでした。11月の伊豆大島合宿で強風のなかをトレーニングしていたそうで、耐性もできていました。

この経験から、私は翌年以降、レースの数日前から天気予報を確認し、当日の天候や風を気にするようになりました。コンディションの変化や直前のアクシデントに対応できる柔軟なチーム作りが必要だと痛感し、箱根駅伝を戦うには組織作りから見直しました。

また、風向きによって戦略が変わることも念頭に置くようにしています。

翌年は設楽啓太を5区に起用しましたが、強風になったら細身の啓太には不利なことから、補欠に登録していた啓太を復路に変更し、5区に登録した当時1年生の成瀬雅俊をそのまま起用することも想定しました。

走力では啓太、山上りの適性では成瀬と、どんな状況にも対応できるようにしておいたのです。

「名前が下がる」起用はしない

第89回箱根駅伝では、キャプテンを務めていた4年生の齋藤貴志を12月10日の16人のチームエントリーの段階で入れませんでした。

前年に10区で区間賞を取り、優勝テープを切っている主力選手でしたが、夏まで故障していたので、「しっかりとやるべきことをやって、コンディションを整えないと入れるわけにはいかない」と伝えました。

齋藤は頑張り屋で、箱根駅伝に向けてようやくエンジンが掛かって、調子が上がってきました。しかし、同じ4年生のなかに頑張って這《は》い上がってきた選手たちがいたので、私は彼らの努力を評価したのです。

これから柱になってほしい下級生も入れておきたい。迷った末に、齋藤ではなく2年生の今井憲久を入れ、彼を箱根駅伝本番で4区に起用すると決めていました。

ところが、その今井がケガをしてしまったのです。数日前から足に痛みがあるのではないかと私は気づいていましたが、本人は隠そうとしていました。箱根駅伝前日の1月1日になると、「このまま走ったら、途中棄権してしまうような痛みに変わっている」と感じました。それでも隠そうとする今井を呼び出しました。

「足が痛いのはわかっている。どうして正直に言わないんだ。もし、途中棄権してしまうことになったら、それをずっと背負わなくてはならないんだぞ」

すると今井は、「痛いです」と正直に申し出ました。翌日に向けた準備を終え、彼が走り出す平塚中継所付近の宿舎に出発する直前のことでした。

選手ならば、誰でも走りたい。その気持ちは私も十分に理解していますが、自分が走りたい欲より、チームのため、仲間のためという使命感、責任感が勝らなければ、強いチームにはなりません。

結局、この年は、日本体育大に負けました。負けたときの責任は監督にあります。

私は駅伝ではいつも、不安がある選手や1%でも途中棄権する可能性がある選手は起用せず、元気な選手に任せるようにしています。特に箱根駅伝は、どこかに痛みがあったり、体調不良があったりする選手に走れる距離ではありません。走ったとしても、後で選手がみじめな思いをします。

選手たちには、**「名前が下がる起用はしない」**と言っています。選手が名前で応援してもらえるところまできていて、起用されるか、されないかの判断は監督権限です。しかし、どんな状態でもみんな一生懸命に頑張ります。それなら、より良いパフォーマンスができる状態で走らせてあげた方が選手のためだからです。

痛みがある選手や体調不良の選手を使っても傷にしかなりませんが、その時点で力がなくても、初めて出場する選手にとっては経験となって次に活きます。

私自身にも最後の箱根駅伝でメンバーから外れた経験がありますが、そのときの不完全燃焼の思いや無念が指導者となった今も活きています。

ですから、走れなかった選手たちも悔しさを無駄にせず、その後の競技生活、あるいは社会人としての将来のどこかで活かしてほしいと願っています。

強いメッセージが選手の心に響く

２０１３年５月には、４年生の設楽啓太、悠太が１００００mを27分台で走りました。27分台は日本で一流とされるレベルで、当時、双子の兄弟がそろって27分台を出したのは初めてでした。

２０１４年の第90回箱根駅伝は、１年時から３年時までエース区間の２区を務めてきた啓太を５区に起用しました。それまで、27分台で走った選手が山を上ったことはありませんでした。

啓太を５区に起用したのには、２つの理由がありました。

1つは、2年生の服部勇馬の存在です。次代のエースとなる勇馬に、設楽兄弟がいるうちにエース区間を経験させたかったのです。

悠太には終盤に上り坂がある2区のコースは不向きで、3区で長所が活きる選手でした。悠太が3区にいれば、勇馬を思い切って2区で育てることができ、勇馬もそれだけの走力を付けていました。

もう1つは前年に日本体育大のエースである服部選手に逆転負けしたことで、改めて5区を制することが勝利につながると思い知らされたからです。

啓太には前年の1月4日、キャプテンに指名したときから「山を任せるかもしれない」と伝えてありましたし、啓太も素直に引き受けてくれました。彼なりの責任感があったのでしょう。

2区の勇馬が区間3位でしっかりとつなぐと、3区の悠太は区間賞でトップに立ち、2位との差を55秒まで広げました。

続く4区は、前年に足を痛めて出場できなかった今井でした。駒澤大に追い上げられましたが、２年分の思いを込め、区間３位で１位を守りました。

ただ、５区の啓太にタスキが渡ったときには、２位の駒澤大との差はわずか21秒でした。

啓太の走りは終始リズムが崩れず、後ろに付くと走りやすいのが特徴です。啓太からすれば、駒澤大の大八木弘明監督が運営管理車から発する大きな檄が耳に入りますから、相当なプレッシャーだったはずですが、啓太は気持ちの入った走りで、日本体育大の服部選手を１秒差で抑えて区間賞を取りました。

啓太と服部選手は同学年で、同じ埼玉県出身。普段は仲が良いのですが、中学、高校と競い合ってきたライバルでした。だからこそ、啓太も燃えたのでしょう。レース中盤に左の股関節に痛みが出たなか、１秒差での区間賞は、まさにチーム・スローガンの「その１秒をけずりだせ」を体現する走りでした。


大学４年間の三大駅伝を通じて、啓太と悠太がそろって区間賞を取ったのはこのときが最初で最後です。

悠太と比べ、啓太は留学生のいるエース区間を走ることが多かったため、なかなか区間賞を取れませんでした。悠太ばかりが表彰を受ける姿を見て、啓太は複雑な気持ちを抱えていたと思いますが、最高の形で締めくくることができました。

私が設楽兄弟を往路に起用したのは、出雲駅伝、全日本大学駅伝で共に2位と勝てない大会が続き、「箱根駅伝だけは絶対に譲れない」という思いがあったからです。

強いメッセージがなければ、選手たちの心には響かないのです。

主力の設楽兄弟と勇馬を往路に投入すれば、復路は残りのメンバーで何とかしなくてはならない。私も選手たちも、強い心が必要でした。

往路を終えて、2位の駒澤大との差は59秒でした。決して安全圏ではありません。箱根・芦ノ湖のゴール地点で5区の選手を迎えた駒澤大の選手たちは、「良くやった。これで大丈夫だ」と笑顔で声を掛けていました。

このとき、東洋大はもう主力を使い果たしていました。一方で駒澤大は、エースの窪田忍選手を9区に残していました。つまり、「59秒差なら、楽に逆転できる」という意味です。

そのことを復路のメンバーに伝え、**「なめられている。ここで頑張らなくては、いつやるんだ」**と発破をかけることで、彼ら5人の心に灯が点きました。

セオリー通りが最善とは限らない

第90回箱根駅伝では6区の日下佳祐（現・日立物流）に、「駒澤との差を1秒でもいいから広げてこい。それだけ考えればいい。下り切って平地になってから、どれだけ粘り強く走れるかの勝負だ」と指示しました。

日下がスタートしたときの59秒差が縮まるのと、1分以上に広がるのとでは、7区以降の展開が変わります。差を縮められれば、たちまち駒澤大から見える位置になってしまいますし、7区が1年生の服部弾馬だったことから、リードを広げた形で渡したかったのです。

日下は前半こそ、駒澤大に追い上げられましたが、後半は期待通りに粘って1分17

秒差としました。

7区の弾馬は、日下の勢いを受けて区間賞。終盤には前日に2区を走った兄・勇馬の沿道からの声援に力をもらい、猛スパートをかけました。それが区間賞につながったと思います。

8区でも髙久龍が区間賞を取り、ここまでで2位の駒澤大との差は3分40秒に広がりました。髙久は夏合宿中にケガをして、9月、10月は走れませんでしたが、厳しいリハビリを耐え抜いて、箱根駅伝で区間賞を取るところまで上げてきました。

箱根駅伝で優勝するには、往路で先手を取ることも重要ですが、復路の7区、8区の選手層がポイントになります。この大会でも7区の弾馬、8区の髙久が区間賞を取りましたが、過去3回の優勝時も7区はすべて区間賞、8区も区間1、2位と好成績を残しています。

9区には2年生の上村和生（現・大塚製薬）を起用しました。大学に入ってから大きな大会に出場したことはなく、春からケガをしていて夏合宿でも練習を積めなかった彼を、いきなり復路のエース区間である9区に置きました。

優勝を狙うチームにおいては、セオリーから外れた起用だったかもしれません。しかし、上村はポジティブな性格で、「どの区間でもいいから走りたい」と夏からずっと話していましたし、意欲に満ちていました。

駒澤大は9区に窪田選手がいたので、もし8区までにトップに立っていなくても、9区で逆転して勝負を決めようと目論《もくろ》んでいたはずですが、3分40秒差は窪田選手をもってしても簡単に逆転できる差ではありません。後ろから学生トップランナーが追ってくるプレッシャーは計り知れませんが、上村は自信を持ってスタートできました。

私は戸塚中継所で待機している上村に電話して、こう伝えました。

「もう大丈夫。たとえ2分詰められても、あと1分40秒もあるんだ。（10区の大津）顕杜が1分40秒も詰められることはまずない」

上村は「はい！」と力強く答えました。堂々と区間4位で走り抜き、窪田選手に28秒しか負けませんでした。

ほぼ同時に走り出せば、28秒差にとどめるのは難しかったでしょう。

しかし、駅伝では大差をもらって先頭を走ることで、心理的に優位に立ちます。選手心理が走りにもたらす影響は大きいものです。

最後は10区の大津が区間賞で、2位の駒澤大との差を4分34秒差に広げて2年ぶりに王座を奪還しました。

区間配置を決めるときは、各区間の距離とコースの特性に選手の個性が合うかを考慮しますが、年間を通してある程度は構想を練っています。

良い采配ができるときは直感でピンときますし、逆に消去法で決めたときはあまり良い結果が出ません。

第90回箱根駅伝での5区・設楽啓太、9区・上村の起用は、ライバル校にとっては想定外だったかもしれませんが、私が他のチームに行っていきなり区間を決めたり、指揮を執ったりすることができないように、日頃から見ている者にしかわからない区間配置の妙があります。

この前年、1年生だった服部勇馬を9区に起用したのも、優勝を狙うチームにしては思い切った策ですが、次年度以降にエースとなる彼の成長を願っての采配でした。

ちょっとした部分での見極めは非常に大切で、それは日々を選手たちと共に過ごし、表情や目の輝きを見逃さないところから始まります。

小さな変化を見逃さない

例年、12月に入って箱根駅伝が近づくと、緊張感がぐっと増します。些細《ささい》なことに過敏になる時期でもあります。

毎日、選手たちの顔色を見て、体調、血色、目つき、そして足の状態に気を配ります。足の状態が思わしくない選手のフォームを見れば、痛みをかばっているのがわかります。ケガにつながることもあるので、特に注意して見ています。

行動面では、集合する前にどんな動きをしているかで、その選手のモチベーションが見えてきます。意欲的なとき、手を抜いているとき、どちらもすぐに行動に表れるものです。

ほかにも、トレーニングウェアの着こなしなど、選手たちの小さな変化を見逃さないようにしています。着るものに何色を持ってくるか。普段の好みと違う色を着ていたり、急に派手な色のウェアを身に着けたりするときには、心理面での変化を見て取れます。

言葉では伝わってこない部分、1つひとつの仕草にサインが出ています。

箱根駅伝当日は、各監督は運営管理車に乗り、選手の後方に付きます。運営管理車は各大学に1台ずつ乗用車が割り当てられています。

車内には小型テレビの持ち込みができないので、レースの状況を確認するにはiPadなどを持ち込んでいます。

レース中は各区間で何度か、1回につき1分間、車内からマイクを使って選手に声を掛けることができます。

声掛けの際にはペースや順位、前後のチームとのタイム差を伝えるのが基本です。その後に鼓舞する言葉、あるいは選手それぞれのエピソードを交えた話をします。掛ける言葉はもちろんレース展開によって変わりますが、事前に考えていることも多いです。

たとえば、おばあちゃん子の選手には「おばあちゃんが見ているぞ」と言ったり、故郷が災害に遭った選手には、地元の方々を勇気づけられるような走りをするように言ったりします。

日々の観察で選手たちの性格を把握することも、アドバイスを送るうえで大切です。

「頑張れ」と言うより「大丈夫だよ」と励ます方が良い選手がいれば、「何をやっているんだ！」と檄を飛ばした方が燃える選手もいますが、たいていは「今日はいいよ」とか「いけるぞ」などといった、安心感を持たせるような言葉が多くなります。

２０１４年の第90回大会までは、「任意の給水」が許可されていました。監督が必要と判断した場合や選手が求めた場合、１区間に２回まで、監督が運営管理車を降りて給水し、声を掛けることができるというものです。

このとき、先回りして車を停車させるために選手をいったん追い越します。加えて、選手と並走しながら直接給水ボトルを手渡すので、合わせて2度、選手の表情を確認することができました。

しかし、任意の給水制度が廃止されてから、私たち監督は運営管理車から選手の後ろ姿しか見えません。表情が見えないと、声掛けの内容にも影響するので、iPadでテレビ放送を見ながら確認しています。

監督からの給水がない分、各区間に2カ所ずつ、だいたい10㎞と15㎞で控え部員による給水ポイントがあります。以前は監督からの任意の給水が2回、部員からの給水ポイントが1カ所で、最大3回まで水分補給することができたのが、2回に制限されました。

給水ポイントに仲の良い部員や苦楽を共にしてきた部員を配置すれば、選手にとってはまさに「力水」となります。かつて、柏原竜二も信頼する先輩や同期生に依頼していました。私が給水できない分、部員たちには短時間で伝えてほしいメッセージなどを指示するようにしています。

２０１３年の第89回大会では、１年生だった服部勇馬に復路のエース区間９区を任せましたが、23㎞の長丁場ですし、終盤は苦しくなりました。

当時は任意の給水が認められていたので、20㎞付近で水を渡そうとしたところ、顔が蒼白《そうはく》で、脱水症状になりそうな状況でした。実際に本人も、「しびれがきていましたし、危なかったです」と後から話していました。

そのような状態で水分を摂ると逆効果になるので、水を渡さずに「今は我慢しろよ」とだけ声を掛けました。水分を摂らなかったことで、最も苦しい残り３㎞をどうにか走り抜いて、無事にタスキをつなぐことができました。

任意の給水は、走っている選手の目の輝きを間近に感じ、彼らの気持ちを読み取ったうえで私の思いを伝えることができる貴重な瞬間でした。なくなってしまったのは残念ですが、ルールなので仕方ありません。

エース不在の年こそ攻める

学生スポーツは毎年選手が入れ替わるため、ときには「育成の年」が生じます。その時期には、実践を利用して新戦力を育てています。

育成期と位置付けた2017年度は、思い切って下級生を起用しました。1～2年先を見据えて1年生をメンバーに入れることはあっても、いきなり主力として見ることはあまりありません。ただ、この年の1年生には志の高い選手がそろっており、主要区間にも強い心を持って挑んでくれると信じていました。

2018年の第94回箱根駅伝は、16人のエントリー選手のうち、4年生が小早川健

（現・NTN）のみ、経験者も3年生の山本修二、小笹椋（現・小森コーポレーション）と合わせて3人しかいませんでした。前年までと比べ、学生トップレベルのエースがいなくなり、駅伝で主要区間を走ってきた経験者も卒業しました。

チームにとって前に進むか、後ろに下がるのか。目標を優勝に置くのか、3位か、それとも10位までに与えられるシード権獲得にするのか。監督として目標設定について考えさせられましたが、各校が主力をつぎ込む往路に1年生を3人起用しようと、私自身、覚悟を決めました。

一か八か、超攻撃的な戦略を採るしかない。1区に1年生の西山和弥、2区に2年生の相澤晃、3区に3年生の山本修二、4区に1年生の吉川洋次、5区に1年生の田中龍誠と、修二以外は初出場の1・2年生を4人入れました。

12月29日の区間エントリーの段階では、3区に別の選手を登録してありましたが、レース当日朝の変更で、補欠に登録してあった修二を投入しました。

この変更は、周囲からみればサプライズだったと思います。前回、エース区間の2

区を走った修二は起伏にも強いことから、箱根の山を上る5区に投入するとみた人が多かったのではないでしょうか。

しかし私は、王者・青山学院大の先手を封じるには、「3区・修二」だとひらめきました。勝つときは、自然とひらめきが下りてくるものです。

青山学院大の3区には、4年生エースの田村和希選手が来ると読んでいました。この前々回と前回、青山学院大は3区で区間賞を取って優勝につなげていたので、同様に田村選手で勢いに乗れれば、一気に突っ走ってしまう可能性がありました。

例年に比べて選手層が薄い東洋大が、復路で逆転することは難しい。往路から主導権を握るレースしかありません。4区の吉川には自信がありましたし、大会前の練習で田中を5区に起用できる目途が立ったので、思い切って修二を田村選手にぶつけようと決めました。

ただ、直前にケガや体調不良の選手が出た場合など、あらゆる状況を想定して、12月29日の時点ではオールラウンドに対応できる修二を補欠に登録しました。そして、この日発表された青山学院大の3区は、予想通り田村選手でした。

3連覇中の青山学院大に対して、東洋大は2014年の90回大会を最後に優勝から遠ざかっていました。優勝を知る選手たちは、もういません。この94回大会で、せめて往路だけでも青山学院大に勝ちたい。勝つことができれば、必ずや次年度以降につながるという確信がありました。

このメンバーなら行ける――。

私は選手たちに「3区の修二でトップに立つぞ。1年生3人のメンバーでも往路優勝を狙っていく。東洋は優勝候補に挙げられていないけれども、あっと驚かせよう。4区までの区間配置は10月の出雲駅伝と同じだから、できるはずだ」と伝えました。往路のスタート前、メンバー変更と監督会議を終えた私は、西山に「目立ってこい。最初の角を曲がるときに、トップで出ていくんだ」と最後の声掛けをして、運営管理車に移動しました。それまで緊張していた西山も笑顔を見せ、リラックスした表情に変わったので、私も一安心しました。

8時、号砲が鳴りました。先陣を切る1区はプレッシャーが掛かる区間ですが、西山は区間賞で、最高のスタートを切りました。調子が上がっていた2区の相澤が1位を守り、3区の修二は青山学院大の田村選手に一時は8秒差まで詰め寄られましたが、後半にペースを上げて46秒差に広げました。修二が田村選手とのエース対決を制して区間賞を取ったことは、非常に大きかったです。

3区を終わった段階で1位に立っていたい、という理想の展開になりました。続く4区の吉川は1秒差で区間賞を逃したものの、2位の青山学院大との差は2分03秒に開きました。5区では青山学院大の追撃を受けてヒヤヒヤしましたが、田中が予定通りのタイムで走り抜き、24秒差で逃げ切りました。

4年ぶり6度目の往路優勝――在校生にとっては初めて、勝つ喜びを味わうことができたのです。

翌日の復路では6区で青山学院大に逆転され、7区からの4区間は2位を独り旅になりました。

最終的に4分53秒差を付けられての2位でしたが、終盤の2区間で青山学院大に勝てたことは収穫でした。9区では唯一の4年生・小早川が意地を見せ、10区では当日変更で起用したキャプテンの小笹が区間賞を獲得しました。諦めることなく、見えない相手を最後まで追い続けた小笹の走りは「鉄紺・東洋」の象徴であり、次代の希望を感じることができました。

私にとっても、監督就任９年目にして最も厳しいと覚悟した年でしたが、経験の少ないチームで往路優勝、総合２位を取ることができました。

私は常々、「ピンチはチャンスでもある」と選手たちに伝えています。もちろん、総合優勝を目指しながら届かなかった悔しさはありますし、選手層の構築という課題にも直面しましたが、この1年を耐えたことで明るい兆しが見えてきたのです。

第4章

体調管理

自分の体のデータを知る

アスリートにとって体調管理、ケガの防止は必須事項です。体調を崩したり、ケガをしたりすれば、練習を積むことも、試合に出ることもできません。

私は実業団に入ってから、食の重要性を学びました。学生時代に貧血気味で、コンディショニングができていなかったことを実業団入りしてから痛感し、箱根駅伝で満足のいく結果を残せなかった理由もよくわかりました。実業団で本格的なトレーニングを積めるようになったのも、きちんとした食事を摂り、体つきが変わったからです。

私が東洋大の監督に就任したばかりのころ、ケガをしている選手があまりに多いことに驚きました。

選手はトレーニングで負荷を掛ければ、体にダメージが来るので、痛いところが出てきても不思議はありません。しかし、そのレベルではなく、長期的なケガで走れない選手が多かったのです。

走れないのには、必ず原因があります。それらを明らかにして、故障者の少ないチーム作りを進めようと思いました。

まず取り組んだのは、「食の見直し」と「食育」です。

当時の選手たちは、残食が目立ちました。寮の食事をしっかり摂らずに間食をする。だから、体が絞れていない。

そこで、食事の提供業者を替え、大学関係者とつながりのあった近隣の女子栄養大学と連携を取ることにしました。以降は同大の上西一弘教授と、ゼミに所属する大学院生や学部生にご協力いただいています。

食事の提供業者にも管理栄養士と連携してもらってデータを取り、選手たちには寮の食事を完食する習慣をつけさせました。結果的に、長期故障者がぐっと減りました。

私は「よく食べ、よく走って、体を作っていく」を理想としています。

ただ食べるのではなく、食べることはトレーニングの一環ですから、日頃の食事で何をどれだけ摂ったのか、データを詳細に記録しています。

月に1回は採血を実施し、検査項目を細かくして、骨密度を含めた分析を行っています。採血をすると、体の中身が血液性状に表れるので、貧血かどうか、疲労度、栄養状態などが一目でわかります。

体重、体脂肪率、骨格筋量、血液性状を見れば、体の外見《そとみ》だけでなく、中身も読み取れるのです。

食生活の乱れは体調不良につながるので、「好きなもの」ではなく、「体に必要なもの」を必要なタイミングで摂取するのが第一です。

余計な油や砂糖はパフォーマンスを下げる、体にマイナスになるものは食べないように日頃から指導しています。

そうはいっても、私が24時間見張っているわけではありません。自己管理の甘さからそれらを摂取すれば、外見は肌のつや、急な肌荒れ、体のむくみで見て取れますし、食生活は必ずデータに出てきます。

データは決して裏切りません。

自分の体のデータは自分が生活のなかで作るものですから、自身で読み取らなくてはなりません。その読み取り方法も教えています。自分のデータを理解すれば食事の摂り方が変わり、意識も高まります。

走るために必要な要素、量、終わった後に体を修復するためにどのタイミングで何を取り入れるか。それを積み重ねて、パフォーマンスを上げていくのです。

重要なポイント練習や追い込みの際には、ただ練習できればいいのではなく、練習後のダメージまで考慮した食事を摂るのが大切です。

陸上競技は、1つのサイエンスだと言えるかもしれません。

「チームの体」という意識を持つ

箱根駅伝が開催されるのは冬ですから、体調管理には特に気を配っています。学生の本分は学業であり、たとえ箱根駅伝前であっても授業を休むことはできません。電車での通学中や、街中やキャンパス内の人混みは避けられないので、感染症のリスクは高くなります。体を冷やさない、抵抗力を落とさないように気をつけ、検温をはじめ、体調変化を見逃さないようにしています。

また、寮内の清掃もより丁寧に行い、外出から帰ったときには手洗い、うがいの習慣化や睡眠、栄養の確保を行い、自己管理の徹底をはかります。トイレの清掃はとても重要で、4年生が中心となって行ってきました。部員は全員が同じ寮で暮らしているため、集団感染を防ぐように気をつけていますが、それでも、インフルエンザや胃腸炎に罹《かか》る可能性があります。

２０１８年の第94回大会は下級生中心のメンバーでしたが、みな前向きで素直な性格で、特に12月に入ってからは手を抜くことなく体調管理を行いました。吉川洋次、西山和弥らは、夜になると湯たんぽを持って、腹部や足元を温めていました。その結果、誰も風邪を引いたり、腹痛を起こしたりすることなく、元気な状態でレースに臨むことができ、往路優勝につながりました。

設楽兄弟らを擁して優勝した２０１４年の90回大会も、実はベストの布陣ではありませんでした。出雲駅伝で区間３位、全日本大学駅伝で区間２位だった４年生の延藤潤（現・マツダ）が走っていません。

設楽兄弟と同期の延藤は上級生になってメンバーの座をつかんだ選手で、チームを勢いづけるようなパワーがあったので、箱根駅伝でも起用したかったです。ところが、12月29日の朝に腹痛を訴えたので、走らせるわけにはいきませんでした。

優勝した年で層が厚かったので、代わりに起用した高久龍が区間賞を取り、役割を果たしました。

延藤はこのとき、チームのことを第一に思って、自ら申告してくれました。理工学部に所属しており、授業の関係でトレーニング量が不足していたことも影響したかもしれません。学生時代は胃腸が弱い選手でしたが、実業団に入ってからは体調管理に気を配り、力をつけました。2019年のニューイヤー駅伝では3区で15人をゴボウ抜きして区間2位、全日本実業団対抗選手権の5000mでは日本人選手で2位に入るなど、活躍しています。


2015年の91回大会では、前年に延藤の穴を埋めた髙久を起用することができませんでした。髙久は設楽兄弟を尊敬し、仲が良いのですが、設楽兄弟と服部勇馬に挟まれた世代で、「僕はまだまだ」といつも謙遜していました。だからこそ泥臭く練習していましたが、とことん追い込む性格で頑張りすぎるところがあるので、日頃からコンディショニングに不安がありました。

副キャプテンを務めていた4年生の11月末には疲労骨折。この時期の疲労骨折は致命的で、3週間から1カ月を棒に振ってしまいます。亀裂骨折なら、ドクターストップがかかります。本来であれば、往路の主要区間である3区あたりを考えていたのですが、痛み止めの薬を飲んで走らせることはさせたくありませんでした。

ケガは選手にとってはすごくショックなので、たいていは叱らないのですが、髙久の場合は叱りました。

練習をしなくてはいけないという責任感は、十分に理解できます。ただ、「チームの体」であるという意識を持たないといけない。自己満足の練習ではなく、自分の物差しをしっかり持ってやっていかなければいけないと話しました。

髙久は実業団に進む選手でしたが、このままでは同じ失敗を何回も繰り返してしまう、旬のときに良い走りができなくなってしまう。卒業後、自分が最高の状態のときに、最高の練習をして、最高の走りができるようになってほしかったのです。

2019年4月、髙久はハンブルグマラソン（ドイツ）で2時間10分03秒の自己新記録を出し「MGC」の出場権を獲得しました。最後の最後に出場権を取ったのが何とも髙久らしいと思いました。9月の本番では途中棄権に終わりましたが、ギリギリのところまで追い込んで練習した結果のことでしょう。年々強くなっていますし、髙久が頑張れば、きっとほかのＯＢたちも負けたくないという気持ちになる。希望を与えてくれました。

レース中のアクシデントを防ぐ

大会前の食事にも注意しないと、レース中にアクシデントが起こることがあります。

2015年の第91回大会では、5区に初出場の4年生・五郎谷俊を起用しました。上りが得意で、箱根の山上りに懸けてきた選手でしたが、レース中に低血糖から脱水症状になりました。12㎞地点の小涌園を過ぎてから、「記憶がない」と振り返っていたほどです。

原因は食事でした。五郎谷はもともと緊張しやすい性格なので、食事を満足に摂っておらず、レース中に熱量不足を起こしてしまいました。

加えて、服装の調節も重要です。5区のスタート地点となる小田原中継所は穏やかな暖かさですが、走っていくうちに箱根山中でぐっと気温が下がります。五郎谷はそれを心配して、着込んでしまったのです。汗をかいて、終盤に風が吹くと、それで体を冷やしてしまいます。

5区は低血糖や低体温症、脱水症状に陥る要素を孕んだ区間でもあります。山中を走る選手のユニフォーム姿を見ていると、半袖、長袖、またはランニングシャツにアームウォーマーなど様々です。体質がそれぞれ異なるので当然ですが、自身の体とその日の気候に合った服装を選ぶことが第一です。

東洋大では三大駅伝のレース中にサングラスを着用することを認めていません。普段の練習時には、強い紫外線で目の痛みを感じることもあるので着用しますが……。駅伝は学生スポーツの晴れ舞台ですから、見ている人たちに表情や目で伝わるメッセージがある、という思いからです。

しかし、五郎谷は自信のなさからキョロキョロしてしまいがちなので、特別にサングラスの着用を許可しました。サングラスを掛ければ、周囲の視線が気にならないだろうと考えました。

「大丈夫です。これなら周りが気になりません」

五郎谷が大会前、実際にサングラスを掛けてこう言ったので、ひとまず私も安心しました。ところが、いざレースが始まると、私が運営管理車から声を掛けてもまったく聞こえていない様子でした。

「聞こえているか？　聞こえたら、手を挙げろ」

そう呼び掛けましたが、手を挙げません。緊張で私の声が耳に入らなかったようです。レース後半、低血糖で意識が遠のいていくと、さらに反応しなくなりました。こうなると、もう見守ることしかできませんでした。

五郎谷は区間11位と苦戦。

神野大地選手の快走で往路優勝した青山学院大とは6分49秒差の3位でゴールしました。

ゴール後、五郎谷は体が硬直してしまい、とても寒がっていました。毛布にくるまり、糖質を含んだ温かいものを口にしたところで、ようやく回復しました。

本人も、ご両親も、「4年生で初めて起用してもらったのに、チームに迷惑をかけてしまい、本当に申し訳ありませんでした」と何度も謝っていました。

私は「タスキをつないでくれて、良かったです」と伝えましたが、ご両親は律儀な方々で、深々と頭を下げられました。五郎谷本人も、両親にそんな思いをさせてしまった責任を感じたようで、終わった後にすぐ私の方に駆け寄ってきて、「まだ、やり残したことがあります」と切り出しました。

「どうした？」と尋ねると、「僕はもう一度、箱根駅伝を走りたい。今回のリベンジをしたいです」と言います。

私は正直言って、驚きました。大学を留年すれば、それだけ学費がかかります。ただ、卒業試験が終わる前だったこともあり、私は「ご両親とよく相談しなさい」とだけ伝えました。

後日、実家に帰ってご両親と話し合った五郎谷が、その結果を報告に来ました。彼の熱意に打たれたのか、「そこまで言うのなら」とご両親は納得してくれたそうです。結局彼は、1年間、あえて大学に残ることになりました。

ところが、五郎谷がリベンジに向けてやる気になっていた矢先、突然の不幸が彼を襲いました。3月にお父さんが急逝されたのです。心臓の疾患でした。

一番の理解者であったお父さんを亡くし、しばらくはとても落ち込んでいましたが、「留年することを許してもらったのだから、競技をしっかりやって、就職も決める」と決意し、それからの取り組みはガラリと変わりました。


人間は覚悟が決まると大きく変わるものだと、五郎谷を見てつくづく感じました。

1つ、特徴的だったのは、彼が再び箱根駅伝の5区を希望した理由が、お父さんとの約束もありますが、「父がいる天国になるべく近いところを走りたい。高いところがいい」ということだったのです。

五郎谷は1年間、一生懸命に練習しました。与えられた練習にプラスしたトレーニングを自分で課してやる、そんな姿勢がチームの模範になりました。

4年生になって、キャプテンを務めていた服部勇馬も、「五郎谷さんがあれだけ頑張るのだから、僕もやります」という雰囲気に変わっていきました。

五郎谷は「大学に残った自分を、後輩たちが温かく受け入れてくれてうれしかった」と話していましたが、助けられたのは勇馬らの方でした。勇馬は本来、先頭に立ってチームを引っ張らなくてはいけない立場でしたが、五郎谷がいたことで心強かったのでしょう。

普通なら、1学年上の選手が残るとやりにくいものですが、五郎谷は荷物があれば自ら持ってあげるような選手でした。もともと、先輩や同期生に「五郎ちゃん」と呼ばれて愛されてきたので、留年した1年間もチームにうまく溶け込んでいました。

最後の晴れ舞台となった2016年の第92回箱根駅伝5区に、五郎谷は満を持して臨みました。前年と違い、サングラスも着用せず、運営管理車からの私の問い掛けにもしっかりと反応しました。

2位でタスキを受けた五郎谷は、非常に力強く、安定した走りで順位を守りました。結果は区間3位。区間賞は日大の留学生でしたが、区間2位の青山学院大・神野選手にはわずか36秒しか負けませんでした。神野選手は万全ではなかったのでしょうが、前年にかつての柏原竜二を超えるほどの圧倒的な走りを見せたことを考えると、36秒差で続いた五郎谷は満点の力走でした。終盤は先頭の神野選手を追い上げたほどです。

長い距離を得意とする五郎谷にとって、23・2㎞はむしろ短いくらいで、もっと長ければ神野選手に勝っていたかもしれません。

卒業後は実業団のコモディイイダで競技を続けていますが、いまだに長い距離と高いところを走るのが好きで、「富士登山競走」などの山岳レースに出場し、山頂男子部門で２０１７、18年と2連覇、スカイランニングの世界選手権にも出場しました。

これからは、トレイルランナーとして世界で勝負できる選手になってほしいと願っています。

プレッシャーに負けない心と体をつくる

レース中のアクシデントは、食事やコンディショニングだけでなく、プレッシャーから起こることもあります。

誰でも大舞台では緊張するものですが、そんななかでもしっかりと力を発揮できるよう、セルフコントロールが大切です。

五郎谷が2度目の5区を力走した第92回大会で、9区で区間5位だったのが高橋尚弥（現・安川電機）でした。岩手県の公立進学校である黒沢尻北高校の出身で、高校時代にはインターハイに出場しているものの、目立った実績のない選手でした。

理工学部で学業が忙しいうえに、体が硬く、同期の服部勇馬らと比べてやや時間はかかりましたが、大学でトレーニングを積んで体ができてくると、フォームもしっかりしてきました。２年生の後半あたりから徐々に要領をつかみ始め、３年目には箱根駅伝の６区に初出場。４年時には、三大駅伝すべてに出場する選手へと飛躍しました。

ところが、初戦の出雲駅伝で1区を任せたところ、過緊張で、中継所を間違えるというアクシデントが起きました。すでに箱根駅伝という大きな舞台を経験済みとはいえ、出雲駅伝の1区はチームにとって、その年度の三大駅伝のスタートでもあります。高橋は緊張していて、レース中の記憶がないと言います。

２区への中継所は、側道に入ってタスキ渡しをするようになっているのですが、高橋は側道に入らずにまっすぐに進んでしまいました。先頭を走っていたわけではないので、前の選手に続けばいいのですが、もう周りが見えない状況です。

中継ラインで待っていた2区の勇馬も大きな声で高橋の名を呼んでいましたが、聞こえるはずもありません。結局、高橋は途中で気付いて、中継所へ引き返して無事にタスキがつながりましたが、数十秒のロスがありました。

2区以降に追い上げたものの、チームは4位。高橋は相当落ち込んでいましたが、彼が一生懸命に努力してきた姿をみんなが見てきたので、責める者は誰もいませんでした。

私は高橋に言いました。

「次がある。全日本でしっかり走って、男を上げるしかない」

次戦の全日本大学駅伝で奮起した高橋は、5区で気迫のこもった走りを見せて初優勝メンバーに入りました。

現在では、2012年のロンドン五輪でマラソン6位の中本健太郎選手や、東洋大の先輩である2016年リオデジャネイロ五輪マラソン代表の北島寿典らが在籍する安川電機の中心選手となり、トラックに駅伝に活躍中です。

また、92回大会は、勇馬や高橋と同期の寺内将人（現・愛知製鋼）が出場できませんでした。前年には復路のエース区間である9区を走った選手で、4年目には主力としての走りを期待していました。

ところが箱根駅伝の直前、プレッシャーから体調を崩してしまいました。練習を頑張る選手だったのですが、頑張りすぎる面が裏目に出て、自律神経のバランスが乱れて発熱。年末は3日間、ホテルで過ごしました。

本人は悔しかったでしょう。ですが、実業団ではその悔しさをバネにトラックの記録を伸ばし、2019年3月のびわ湖で初マラソンに挑みました。終盤にペースを落としましたが、これから国際大会を狙えるだけの可能性を見せてくれました。

箱根駅伝では2015年の91回大会から5大会で総合優勝を逃していますが、選手たちは常に頂点を狙っており、そこからくるプレッシャーと闘っています。

4年生になれば、伝統を守らなければいけない、自分たちの代で途切れさせてはいけないという気持ちが芽生えますし、そのプレッシャーはみんなで乗り越えなくてはなりません。ただ私とすれば、もしそこで結果が出なかったとしても、経験や悔しさを今後につなげてくれれば、これほどうれしいことはありません。

第5章

世界への意識

学生時代に基礎を固める

１９９９年春、東洋大学を卒業した私はコニカ（現・コニカミノルタ）に入社しました。

コニカ陸上競技部は１９７０年に創部。当時の社名は小西六でした。陸上部は同好会から発足しており、練習の時間を確保できない時期もあったそうです。先輩方が苦労されながら少しずつ結果を出していき、やがては練習時間をもらえるようになり、大会や合宿も有給休暇を使わずに行けるようになっていきました。

自分の競技人生を振り返ったとき、向上心が高い方ではなく、全日本中学選手権にも、インターハイ（全国高校総体）にも出場していません。箱根駅伝はずっと見ていましたが、自分が走る姿を重ねてはいませんでした。

高校2年生で初めて全国高校駅伝に出場したときには、強豪校との意識の違いに衝撃を受けました。「福島の田舎でやっているから負けて当然」ではなく、初めから心持ちがまったく違っていました。

大学に入ってからも向上心のある選手と比べれば、スタートの時点で出遅れています。4年間やるうちにインカレで入賞するようになり、箱根駅伝にも出場しましたが、国際大会に行くことはできませんでした。完全燃焼ではなかったので、実業団でやるのなら覚悟を決めて、徹底的にやり切ろうと思いました。

実業団に入ると食事の量が倍近くになり、その分、トレーニングの量も増えました。コニカの酒井勝充監督（現・副部長）は、常に世界を目指しており、チームにもその意識共有ができていました。

月間で800～1000km程度を走るようになったので、走行距離は学生時代の1.5倍くらいです。それでも、練習がきついとは思いませんでした。競技をやるために来たのだから、このくらいは当たり前だという気持ちが強かったです。

個人としては、最終的にマラソンで上を目指していました。自分に才能があるとは思いませんでしたし、スピードがないので、トラック種目で日本代表に選ばれることはない。国際大会に出るのならマラソンであり、そのためには駅伝もしっかり走れないとつながらないと感じていました。

体作りから真剣に取り組んだ結果、ニューイヤー駅伝に1年目から出場することができ、2年目の2001年には6区を走って区間賞、チームが初優勝しました。そこから3連覇を果たし、2002・03年の優勝時にはアンカーとして優勝テープを切らせてもらいました。

ただ、マラソンを見据えると、30kmまでの練習はまずまず走れたものの、それ以上は満足にこなせませんでした。しっかりとトレーニングしなくてはならないとジョグから見直しましたが、距離を増やした途端に今度は半月板をケガしてしまいました。加えて、貧血にもなりました。

結局、マラソンを5回走ることができましたが、五輪や世界選手権には届きませんでした。

実業団での競技生活終盤は、ランニングの効率を向上させるにはどんな走りが適しているのか、体の構造はどうなのか、それらをずっと考えていました。

考えていくうちに、今度は「教えてみたい」という気持ちが湧《わ》いてきました。自分がある程度のパフォーマンスができるときに、指導者としての土台を築いておきたい。そんなとき、母校の学法石川高で教員の募集があることを知り、またとないチャンスだと思いました。コニカから戦力外通告を受けていたわけではなく、自分でもあと1～2年はやれる気がしていましたが、しっかり走れるうちに高校の教員となって、走りながら指導していこうと決めました。

29歳のときでした。

私自身は現役時代ケガをしたことも、メンバーから外されたこともあります。どうして走れなかったのか、ケガをしたのかを考えたとき、根本的に直さなくてはならないことがたくさんありました。

もっと前の段階から、つまり学生のときからしっかりと体を作って実業団に入っていたら、大きく違ったのではないか。

学生時代に心と体の基礎をつくり、体力のある20代に良い動きで豊富な練習量を積み重ね、勝負できるようにする。

「世界」に出ていくためには、それが必要だったと感じました。

だからこそ今は、学生のうちから世界を目指す高い意識を持った選手、卒業後すぐに実業団で活躍できる選手の育成に尽力しています。

チーム東洋として世界に挑戦する

東洋大学陸上競技部は競技面での指針として、**「学生三大駅伝優勝と世界への挑戦」**を掲げています。

東洋大には水泳部やボクシング部をはじめ、卒業生、現役部員が国際舞台で活躍している運動部があります。私たち陸上競技部も目指すべき頂《いただき》は同じですし、世界で戦える選手を輩出することは、指導者としての義務だと思っています。

世界を意識すると、感化されることがたくさんあります。

２０１２年のロンドン五輪20㎞競歩に、当時２年生だった西塔拓己（現・愛知製鋼）が出場しました。西塔は当時19歳で、20歳未満のジュニア資格を持つ選手だったので、当初は同年の７月にスペインで行われる世界ジュニア選手権でのメダル獲得が大きな目標でしたが、２月の日本選手権で２位に入ったことが評価され、世界ジュニア選手権だけでなく、８月のロンドン五輪代表に選ばれたのでした。

男子競歩種目では史上初めて、10代で五輪代表となりました。

私も日本選手団のスタッフとして現地に同行しました。他のコーチ陣と共に宿泊し、ミーティングに参加したことは、大変勉強になりました。

特に、西塔の最終調整の際に競技日程が近かった男子マラソンの選手たちと一緒に行動し、見てきたことが参考になっています。**４年、８年と、長いスパンで取り組まないと勝負できない、生半可な意識では挑めないと強く感じました。**

西塔はロンドン五輪で25位と壁に跳ね返されましたが、翌２０１３年にはモスクワで開催された世界選手権で６位に入賞しました。これは当時、同大会での日本人最高タイの好成績でした。

かったです。
ロンドンの経験が活きたと思いますし、陸上競技部全体に与えた影響は非常に大きかったです。

2014年には短距離の桐生祥秀（現・日本生命）が入学し、陸上競技部としての世界への意識はいっそう高まりました。同年7月にアメリカで行われた世界ジュニア選手権には、東洋大から4人が日本代表として出場、これは同大会の代表では最多でした。

桐生は100mで日本人史上初の銅メダルを獲得し、400mリレーでも銀メダルに貢献しました。10000m競歩では松永大介が日本人史上初の金メダルを取るなど、出場した4人全員が入賞できました。

この世界ジュニア選手権に高校生で出場した短距離のウォルシュ・ジュリアン（現・富士通）が翌2015年に東洋大に入ってきたこともあり、2016年のリオ五輪には、桐生、ウォルシュ、松永、服部勇馬、服部弾馬の5人を送り込もうとプランを練りました。

東洋大には競泳の萩野公介選手がいましたし、ロンドン五輪のときと比べても、大学全体として1人でも多くの代表を出したいという気運が高まっていました。

まず、2016年3月の全日本競歩能美大会20㎞競歩で、松永が五輪代表に内定しました。6月の日本選手権では、100mの桐生、400mのウォルシュがリオ行きを決めました。服部兄弟は五輪に届きませんでしたが、現役部員から3人の代表を輩出することができました。

リオ五輪では、桐生が400mリレーの第3走者として銀メダルを獲得、松永が20㎞競歩で7位に入賞しました。どちらも、五輪での日本最高成績を持ち帰ってくれました。

また、桐生は2017年9月の日本インカレ100mで、日本人待望の9秒台となる9秒98を出しました。東洋大の鉄紺色のユニフォームを着て、チームで挑んだ学生最高峰の大会で日本記録を樹立したことは、陸上部としても大きな財産となりました。

2018年5月の世界チーム競歩選手権では、池田向希が20㎞競歩の金メダルを獲得しました。3年生になった2019年には、7月にイタリアで行われたユニバーシアードで金メダル、秋にドーハで行われた世界選手権では6位に入賞しました。この大会での２０２０年東京五輪代表内定には届きませんでしたが、冬期の大会で代表入りにチャレンジします。世界選手権の代表に惜しくも漏れた川野将虎は、50㎞競歩高畠大会で優勝。五輪内定となりました。妻が競歩コーチとなり、日本記録を狙って作った記録でした。五輪でも十分に世界と戦えるレベルにあり、妻の指導力を私も尊敬しています。

池田も川野もとても素直で強気な性格です。身の回りはきれいで、几帳面です。自己管理がしっかりしていて手がかからないところは松永に似ていて、世界で戦う強さを持っています。

マラソンに「本気」で挑む

２０１５年の第91回箱根駅伝で青山学院大に負け、悔しさを抱えながらも、頭の中はすぐにリオ五輪に切り替えました。そのくらいでないと、五輪の代表は取れません。服部勇馬、服部弾馬、口町亮、櫻岡駿の４人で、奄美大島で特別に合宿を行いました。

２月には、当時３年生だった勇馬が東京マラソンに出場する予定でした。箱根駅伝の２区で区間賞を取った後だったので、注目を集めていましたが、結局は右のアキレス腱を痛めて欠場しました。欠場を決めていたにもかかわらず、記者会見を設けましたが、とてもやりにくいものですし、できればやりたくはないものです。こういった経験を後に活かしてほしいです。

翌2016年2月の東京マラソンがリオ五輪の選考レースであることを考えれば、その前に一度経験しておきたかったのが本音ですが、ケガはどうにもならないので、1年後を目指して前を向きました。

2015年度は、キャプテンの勇馬が引っ張るチームでした。

11月の全日本大学駅伝は、青山学院大が優勝候補筆頭とみられていました。私が就任して以降、2位が4度ありましたが、どうしても勝てなかった大会でした。特に、2011年から4連覇を達成した駒澤大は本当に強かったです。

私と同じ福島県出身の大先輩である大八木弘明監督は駅伝だけ勝てばいいのではなく、実業団選手と勝負できるようなレベルに上げていかなくてはならないという意識を常に持っておられて、私も大きな影響を受けました。

この大会では対青山学院大を見据えて先手を取るレースをしたいと考えており、狙い通りに1区の勇馬、2区の弾馬、3区の口町と3連続区間賞でリードしました。5区終了時に並ばれましたが、アンカーでは青山学院大の神野大地選手が万全の状態でなかったとはいえ、上村和生が序盤から攻め、神野選手を早い段階で諦めさせることができたと思います。

選手1人ひとりがチーム・スローガンである「その1秒をけずりだせ」を胸に刻み、気迫のこもった走りを見せ、初優勝にたどり着きました。

それまで優勝に挑みながら届かなかったOBたちのことを思い出しながら、私は優勝インタビューの壇上で感激に浸っていました。

監督となって出雲駅伝で1度、箱根駅伝で3度優勝しましたが、このときの全日本大学駅伝初優勝はまた違った喜びやいろいろな感情が込み上げてきました。

3週間前の出雲駅伝ではミスがあって4位に終わりましたが、勇馬を中心に短期間で立て直し、チーム東洋の総合力を発揮してくれました。

2016年の第92回箱根駅伝で、勇馬は2区で2年続けて区間賞を獲得しました。日本人選手の2区での連続区間賞は、早稲田大学OBで、現在は住友電工監督の渡辺康幸さん以来、20年ぶりのことでした。

ですが、勇馬の場合は箱根駅伝だけでなく、リオ五輪が大きな目標でした。4年に一度の五輪は、私たち指導者にとっても特別なものです。「PDCA」のなかの「P」

(計画)が大切であり、五輪に合わせて4年周期で指導プランをまわしてもいいくらい、特別な舞台だと考えています。

マラソンに本気で挑むのなら、周到な準備が必要です。「来月の大会に出よう」と思って出られるようなものではありません。

勇馬がマラソンへの挑戦を決めたのは、2年生の箱根駅伝が終わった後の2014年2月。熊本で行われたロードレース「金栗記念熊日30kmロードレース(熊日30km)」に出場したのがきっかけでした。

実を言うと、この2年時の箱根駅伝にはピークが合っていませんでした。2学年上の設楽兄弟の背中を追って12月に練習を積みすぎて、疲労を残したまま迎えたのです。それが、箱根駅伝が終わって疲労が抜けて、2月の熊日30kmに合わせられました。設楽啓太が前年、3年生のときにつくった学生記録を1分3秒も更新する1時間28分52秒で優勝。勇馬はそこである程度の手応えを得て、「マラソンをやる」と目覚めたのでした。

彼の覚悟を知った私も、「それならリオを本気で狙おう。そのためのスケジュールを組んでやっていこう」と伝えました。

２０１６年、自身最後の箱根駅伝を終えた勇馬は、前年に出られなかった2月の東京マラソンに向けて走り込み、今度はスタートラインに立つことができました。

このとき、「マラソンに挑戦する」というよりも、真剣に「マラソンでオリンピックの代表を狙う」ことを目標に掲げました。

12月初旬の福岡国際マラソンに出て代表に挑むことも、実は視野に入れていました。夏のケガにより、そのプランは幻に終わりましたが、箱根駅伝の1カ月前にある福岡国際マラソンでの勝負と、箱根駅伝総合優勝の両方を、私と勇馬は真剣に考えていたのです。

実業団チームと比べて時間も予算も制限がある学生が挑むことは、指導者としてもとてもやりがいがあり、貴重な時間でした。

レースは予想外のスローペースで、勇馬にとっては不利な展開でした。30㎞を過ぎてからギアを一気に変えて集団から抜け出し、38㎞までは日本人選手トップにいました。その後、40㎞から失速。目の前から、オリンピックが消えていきました。

初マラソンは2時間11分46秒で、日本人4番手の12位でした。リオ五輪には届きませんでしたが、果敢なレースを展開できたことが、2020年東京五輪代表内定につながりました。

学生のうちから五輪や世界選手権のマラソン代表を本気で取りに行くケースは決して多くありません。理由としては、これまで国際大会の選考レースの大半が冬期で、駅伝シーズンと重なっていたからです。

駅伝とマラソンの両立は学生にとって簡単ではありませんが、実業団に進んで20歳代のうちに世界大会のメダルを目指そうと思うなら、必要な挑戦であると私は考えます。

学生時代の取り組みをつなげる

２０１８年2月の東京マラソンでは設楽悠太が2時間06分11秒と、16年振りに日本記録を更新しました。彼の場合はトラックとマラソンの両立に果敢に取り組み、これまで誰もやっていなかったトレーニング方法、出場レースの選択をしてきました。

同年の10月には大迫傑選手に21秒更新されましたが、今は再び日本記録を奪還するのだという強い気持ちが伝わってきます。〝21秒〟はかつて、大学1年生のときの箱根駅伝で大迫選手のいた早稲田大学に敗れたときと同じ差であり、悠太にとっては特別な数字だと言っていました。

学生時代はまだ体ができておらず、長い時間の練習ができなかったので、短期集中型の練習でした。それでも、スピード能力が高かったので、箱根駅伝で活躍できました。当時は、本来の力を発揮できる動きをするように伝えていました。

彼は遅い動きをすると、持ち味である股関節のしなやかな動きが狭まってしまって、後半にペースを上げればいいと思っても上がらない。どんなレースでも、誰が相手でも、自分のフォームとペースを変えないで走ってほしかったのです。

ＭＧＣではその通り、迷いがない走りでした。また、出場できなかった兄・啓太の分も、という強い心で挑んだのでしょう。芯のある選手に成長したことをうれしく思います。


勇馬は２０１８年12月の福岡国際マラソンで、日本歴代８位となる２時間07分27秒をマークして、日本人選手としては14年振りの優勝を成し遂げました。

学生時代と比べて体力が上がり、そこに自分を奮い立たせる心、科学的分析の成果が加わりました。高地トレーニングに適した能力を持っている一方で、発汗量が多いので、深部体温を上げないこと、汗の種類、量まで詳細に分析したのだと思います。

マラソンは練習量や能力だけでなく、戦術も重要です。所属するトヨタ自動車で、しっかり取り組んできたことがわかりました。勇馬は五輪に行くために熟考した末にトヨタ自動車を選ぶなど、意識の高い選手でした。

私は彼らに、世界に挑戦するための学びの環境や、自分を知るためのヒントを提供してきました。ただ、**彼らがマラソン道に邁進できたのは、自身で様々なことを経験し、自分を知り、芯を確立したからです。**

悠太と勇馬は更なる高みを目指しています。２人に続いて、ＯＢや現役部員も飛躍して欲しいと願っています。

ＭＧＣは、現役の長距離部員全員が沿道で観戦し、先輩たちを応援しました。ＯＢの頑張りは良い道標になりましたし、大いに刺激を受けた様子でした。

学生にとっては、駅伝の優勝ももちろん大切ですが、ＭＧＣを走った選手たちが将来的にはライバルになるかもしれません。その選手たちに勝つためにはどうしたらいいか、真剣に考えるきっかけになったと思います。

企業で大切にされる人材を作る

近年では、「卒業後に実業団で競技を続けたいから東洋大を選んだ」、「東洋大の攻めの走りが好きだ」など、明確なビジョンを掲げて入ってくる選手が増えました。多くのOBが実業団で頑張っているおかげだと思いますし、うれしい限りです。

就職先を決める際には、関東に残るのか、地方出身の選手なら地元に帰るのか。第一にその選択から始まります。

九州などの地方出身者の場合は、たいていが地元の実業団を希望しますし、実業団側も地元出身の選手に声を掛けることが多くなります。競技を引退したあと、そのまま社業に専念しようと思えば、どうしても地元に戻る傾向にあります。

大学卒業後は走るだけでなく、しっかり学ぶこと、学ぼうとする意欲を持つことが求められます。

競技をやっている間に、同期入社の社員はどんどん仕事を覚えていきますし、先に出世していきます。競技を引退した後、年下の社員に仕事を教えてもらうことになるかもしれないし、一から仕事を覚えなくてはならないかもしれない。

そういう覚悟を持ったうえで、競技に取り組んでいかなくてはなりません。

私としては、どの実業団チームに進んでも長く競技を続けてほしいと願っています。

実業団は大学のように一から十まで教える場ではないので、自分自身で責任を持って、トレーニング内容を吟味して、自己管理をします。それらができる人材、実業団で活躍できる選手を輩出することは、今の東洋大の指導理念の1つになっています。

大学時代に基本を徹底し、心と体の基礎基盤を固めること。これができないと、社業も競技もうまくいきません。

ＯＢのなかには、実業団に進んだのち、国際舞台に立った選手、トップレベルで活躍中の選手が多くいます。

私が大学４年時の１年生だった石川末廣は、２０１６年リオ五輪のマラソンに出場しました。

大会当時36歳で、五輪のマラソン日本代表としては史上最年長でした。39歳になるまで現役を続けた後、２０１９年３月に引退し、現在はＨｏｎｄａのコーチを務めています。

学生時代はやんちゃ坊主でしたが、実業団に入ってからは自己管理に人一倍気を配っていました。学生のときからケガが多かった選手で、マラソンを走れるようになるまで時間がかかりましたが、実業団に大事に育てていただきました。

何より人望が厚い人柄だからこそ、じっと待ってくれたのでしょう。

同じくリオ五輪のマラソンには北島寿典（安川電機）も出場したので、マラソンの日本代表３人のうち、２人を東洋大ＯＢが占めました。

２００９年の箱根駅伝初優勝時にキャプテンを務めていた大西一輝（カネボウ）は、

２０１８年の日本選手権１００００ｍで2位に入りました。その同期の山本浩之は２０１９年のＭＧＣにも出場しました。

大西は4年生のときの箱根駅伝で、当日の早朝に後輩との交代を言い渡され、初優勝のメンバーになれなかった経験があります。山本は高校時代にサッカー部だった異色の経歴の持ち主で、無名から大きく成長し、最後の箱根駅伝では疲労骨折を抱えながらもエース区間の2区を走りました。真面目な努力家で、実業団に入ってからも大きなケガを幾度も乗り越えています。私の古巣のコニカミノルタに所属していますが、社業もしっかり行っていると聞きます。卒業生の模範です。

30歳を過ぎても現役を続けている選手が多いのが東洋大ＯＢの特徴ですが、それは企業側との信頼関係の証でもあります。

近年では、エース格の選手だけでなく、駅伝でつなぎ区間を堅実に走った選手たちも、実業団に多く在籍しています。

毎年元日に行われるニューイヤー駅伝には、２０１８年、19年に22人ものＯＢが出場しました。20人以上が走った大学は東洋大のみでした。

私の教え子はまだ現役で競技を続けている選手が多いのですが、ＯＢのなかには指導者の道を歩んでいる者もいます。

私の同期である沢柳厚志は、エディオン女子陸上部の監督です。先に述べたＯＢの林清司さんの下でダイハツのコーチを務めた後、現職に就いて3年目ですが、国際大会代表を育てるなど、個人レースでも、駅伝でも活躍できるチームを作っています。ほかにも、30歳代のＯＢたちが実業団でコーチを務めています。

現役選手でも、実業団チームのキャプテンを務めている者がいます。引退後は、いずれチームのスタッフを任されるような人間力と実績を備えてほしい。会社内で、あるいはチーム内で大事にされる人作りを大学在学時からしていきたいものです。

日本の陸上競技界を引っ張っていける人材の輩出もそうですが、どこの企業に行っても、社員の皆様に認めてもらえるようなアスリートを育成していくのが使命です。

毎年、ニューイヤー駅伝は、翌日からの箱根駅伝の戦いに備えた選手たちが、練習の合間にみんなでテレビ観戦するのが恒例です。どの区間にもＯＢが走っていて、特にエース区間の4区で、先輩たちがそれぞれ異なるユニフォームで先頭争いをしている様子を見ると、「すごい！　俺らも頑張ろう」という声が聞かれます。

近年の箱根駅伝で上位を維持できているのは、間違いなく、前日に先輩たちの走りから心にメッセージを受け取っているからです。

箱根駅伝のあとには、逆にOBから「後輩たちの走りに感動しました」、「頑張ろう、負けてはいられないと思いました」といった、たくさんのメッセージをもらいます。世代は違っても、「東洋らしい走り」は確実にあります。そこでつながった鉄紺色の絆が、これからも途絶えることのないように見守っていきたいです。

第6章

フィジカルトレーニング

新しい発想でトレーニングをする

２０１７年度からは、身体面、肉体面の強化、いわゆる「フィジカルトレーニング」にいっそう力を注いでいます。

もちろん、それまでにも取り入れていたのですが、箱根駅伝で２０１５～17年に３年続けてベストメンバーを組むことができなかったために、もう一度見直す必要がありました。

２０１５年の第91回大会は、前年の優勝時に８区で区間賞を取った髙久龍、第92回大会は同年度の全日本大学駅伝優勝メンバーだった当時２年の野村峻哉と堀龍彦

（現・九電工）、第93回大会は復路の長距離区間を予定していた山本采矢が、それぞれ16人のエントリーメンバーには登録しましたが、ケガで本番を走ることができませんでした。

一方でその3年間は、「青トレ」という独自のフィジカルトレーニングを進めてきた青山学院大が3連覇をしていました。対青山学院大を考えると、選手たちからもフィジカルトレーニングへの意欲が出てきました。

まずは至近3年間の故障者リストと、各選手の可動域、柔軟性の有無、筋力の有無などのデータを作成しました。

数値化することで、トレーニングの質と量が変わったのを実感できましたし、採血や体組成計での計測でも変化が表れました。年間の疲労骨折者が前年の12〜13人から2人に減るなど、効果が出てきました。

東洋大は卒業後に実業団で競技を続ける選手が多いチームです。実業団に入って1、2年目を土台作りに充てるのではなく、1年目、2年目から勝負していける体を大学4年間で作って送り出したい、セルフケアを学ばせたい、というのが私の考えです。

1人でも多く、いずれ日の丸を付けるような選手になってほしいと思えば、大学でのトレーニング内容も変わってきます。

走力とフィジカルは比例するので、今後も段階的にやっていきたいと考えています。

たとえば、OBの設楽兄弟の場合は、双子の兄・啓太の方が体はしっかりしていたので、練習量も積めました。しかし、弟の悠太は体力がありませんでしたし、右膝が内側に入って、足がまっすぐに前に出ていかない。夏合宿をすべてやり切ることもできませんでした。自動車にたとえるなら、エンジンと車輪しかないような状況でした。それが、社会人になって筋力がつき、連戦がきくようになり、マラソンにつながったのだと思います。

また、悠太は高校時代には貧血に悩まされていました。野菜が苦手で、食べ物の好き嫌いも多かったのですが、大学に入ってからしっかり食事を摂って貧血を治して、少しずつ筋力をつけていきました。すると大学4年生のときには10000mで一流とされる27分台を出すなど、トップスピードで体を動かす能力が備わりました。20歳を越えて、体ができてから、一気に伸びたのです。

悠太が2018年2月の東京マラソンで当時の日本記録を出した後の新聞や雑誌のインタビューで、「フィジカルトレーニングはあまりやらない」といった趣旨の発言がありましたが、これは誰にでも当てはまることではありません。

私は選手たちに「君たちは設楽とは違う。設楽たちのしなやかで可動域の広い動きができるようになるまで、フィジカルを強化しよう」と諭《さと》しながらやっています。

設楽兄弟の2学年下の服部勇馬、その1学年下の弾馬兄弟は、設楽兄弟を見て**「あの先輩たちに勝つには、フィジカルトレーニングをしっかりやらなくてはダメだ」**と一生懸命に取り組んだからこそ、良い結果を残すことができました。

フィジカルトレーニングも毎年同じことを繰り返せばいいのではなく、常に新しいことに挑戦しています。

2017年は思い切っていろいろなことをやりたいと考え、話題にもなったナイキのシューズ「ズーム　ヴェイパーフライ4%」を積極的に導入しました。

スピードの出るシューズですが、一方で不安定な部分も孕んでおり、フィジカルがしっかりしてないと履きこなせないシューズでした。

選手たちに聞くと、厚底で、疲れが残りにくいシューズだと言っていました。ソール部分が薄いと、疲れが足にダイレクトにくるので、ハードな練習の翌日には練習量を落とすことになってしまいます。ですから、高強度のトレーニングの前後にしっかりとストレッチ系を取り入れて、翌日に体をリセットしないと、継続した練習はできません。

フィジカルを強化することで、選手たちもヴェイパーフライを履きこなせるようになっていきました。

加えて2018年は、短距離的な要素を含んだものを取り入れました。ハードルを使った動き作りや、スプリントトレーニングなど、幅広くやってきました。

幅広くやっていくなかで、将来的にマラソンランナーになるのか、トラックランナーになるのかを選手たち自身で選んでいってほしいと思います。

近年は水泳などの室内競技でも、高地トレーニングをごく当たり前のように導入するようになりました。陸上競技でも世界と戦うためには当然必要ですが、注意すべきは適性が大きく影響するということです。適性がない、やれないのなら無理をせず、違った強化方針を模索していかなくてはなりません。

海外に行けば時差もありますし、食生活も変わりますので、ノウハウをしっかりと持って取り組むことが求められます。

これから、世界に出ていくためには、人がやらないことに挑んでいかなくてはなりません。

「発想が凝り固まっていたら、新しいことはできない」

今の学生は、毎日1～2時間のフィジカルトレーニングの後にランニングに入るのが普通です。実業団に入ったら自分ですべて組み立てていかなくてはならないので、学生のうちにしっかりと身につけてほしいと思っています。

今後もフィジカルトレーニングと食育により、健全かつ効率的で、力強く、壊れない体作りを目指します。それには陸上競技の専門的技術に加え、医科学的な要素を盛り込みながらコーチングしていくことが、私たち指導スタッフに必要なスキルです。

競歩から学ぶ東洋大スタイル

東洋大学陸上競技部は男子短距離部門と長距離部門とに分かれていますが、私が監督を務める長距離部門のなかには、長距離選手のほか、トラックの８００ｍや１５００ｍを主戦場とする中距離、および競歩の選手も含まれます。

ストレッチやウェイト等のトレーニングの中身は、中距離は別メニューですが、**競歩は日本代表の合宿で教わってきたものと、東洋大独自のものをミックスさせながら行い、長距離も競歩の選手たちからそれらを吸収しています。**

就任以来、競歩も私が練習を見てきましたが、２０１８年度からは元・競歩選手で、高校の教員時代に指導経験がある私の妻が、寮内の生活管理と共に競歩コーチとして指導に当たっています。

妻は凛としていて、観察眼の鋭い指導者です。かつて、妻が福島県の高校で指導した松崎彰徳選手が東洋大に進み、２００３年の世界選手権20㎞競歩に出場したという縁もありました。

私の意識がまず変わったのは、２０１２年のロンドン五輪に行ったときでした。西塔拓己が世界の壁に跳ね返され、競歩もフィジカルトレーニングが大切だと痛感させられたのです。

結果を残せなかったのなら、相手を研究し、コースを研究し、入賞ライン、メダル獲得ライン、それぞれの通過タイムを詳細に分析しなくてはならない。世界の一流選手のように、フィジカルトレーニングでフォームを徹底的に突き詰めていく必要があると感じました。

西塔はフィジカルトレーニングをしっかりこなせる選手でした。その2学年下の松永大介は生まれ持った体の強さがあり、スピード能力が高い選手で、練習のなかで動き作りをしていきました。

２０１９年には、池田向希、川野将虎が、現在のチーム方針であるフィジカルと食育の強化で力をつけてきました。妻がコーチになってからは、栄養指導のほか、練習を動画撮影して、ミーティングも実施しています。フォームの分析と振り返りなど多角的な要素を取り入れて、世界で勝負できるレベルまできました。

全体の流れは私が見ていますが、細かい練習メニューは妻が池田、川野と組んで決めています。競歩のロード種目には20㎞と50㎞がありますが、両種目の指導はまったく違うので、20㎞の池田、50㎞の川野がそれぞれ世界を目指すには、個人対応でやっていかなくては戦えません。

競歩は暑さ対策と給水が非常に重要なので、自分の体について分析して、指導者もそれを把握する必要があります。また、競歩は審判からジャッジされる種目なので、それを受け入れる素直な心が求められます。その点でも、妻の丁寧な指導がプラスになっています。

妻はさらに高い目標を掲げ、選手たちが世界大会でメダルを取る、世界記録をつくるための指導をしています。

長距離と競歩の融合は東洋大独自のものです。競歩のフィジカルトレーニングを目にすることは、私にも、長距離の選手たちにも参考になりますし、池田や川野が世界を目指す姿に部員たちは刺激を受けています。

そして、競歩の強化がマラソンへのアプローチに有効に活用されています。

強い体を作り上げる

２０１９年度は、本格的なフィジカルトレーニングを取り入れて３年目を迎えました。

４年生でキャプテンを務める相澤晃は、食育とフィジカルトレーニングでの成長が顕著な選手です。１年生のときには箱根駅伝の直前にノロウィルスに感染して出場できなかったり、２年生のときには疲労骨折をしたり、主要大会の前に発熱したりもしました。

今でこそ、細く強くしなやかな、理想的な体格になり、ときには「馬のようだ」という声をいただきますが、高校時代は貧血に悩まされていました。現在の強さは、

〝作り上げた強さ〟と言えます。この、強い体を作り上げることは、ここ数年のチーム作りの特徴でもあります。

相澤は体がたくましくなったことで、練習の強度を高めることが可能になりました。本人は3年生時まで、ただ漠然と、卒業後にマラソンを走りたいと考えていたようです。ただ、4年生になってからは、私が「世界に挑戦してみないか」と言ったところ、10000mとマラソンで世界を目指す意思を明確に示してくれました。

1つのきっかけになったのは、2019年の第95回箱根駅伝です。

相澤は前年に2区を区間3位と好走したので、この大会でも2区を走ると予想した方が多かったのではないでしょうか。しかし、さらにその前年に2区を走った山本修二の調子が上がっていたこと、そして相澤は単独走で力を発揮でき、細かいアップダウンにも強いことから、適性を考えて私は4区に起用しました。

相澤の記録は1時間00分54秒の区間新記録。距離変更前の1999年に駒澤大の藤田敦史さん（現・コーチ）がつくった1時間00分56秒をも上回り、圧巻の区間記録と評価されました。

藤田コーチは、マラソンで1999年の世界選手権で6位に入賞、2000年には当時の日本記録を樹立しています。私と同じ福島県出身の同期生ですが、相澤にとっても福島県の先輩ですから、その藤田コーチの記録を破ったことが大きな自信になったようです。

相澤は、ケガ明けで万全ではありませんでした。それでも走れたことで、今までの取り組みは間違っていなかった、実直にやってきた成果が出たと実感したのだと思います。

箱根駅伝の後も、1月の都道府県駅伝では最長区間の7区で服部勇馬ら実業団の一線級を抑えて区間賞を取り、福島県を初優勝に導きました。日本選手権でも5000mで5位、10000mで4位に入賞しました。学生の二種目入賞は瀬古利彦さん以来42年ぶりの快挙です。

ただ、今の相澤は目標が高いので、この結果に満足はしていません。**これまで五輪を目標に戦ってきた先輩たちの足跡が、相澤にも伝わっているのでしょう。**

同学年には、東海大学に「黄金世代」と呼ばれるスター選手がそろっていますが、相澤は「学生長距離界のエースは自分だ、学生に負けるわけにはいかない」という強い気持ちを持ち、言葉に出すようにもなりました。

相澤が頑張れば、彼に負けたくないと思っている他大学の選手の意識も変わっていくでしょうし、私はそれで学生全体のレベルが上がっていけばいいと思っています。

そして、私たち指導者は学生のレベルを上げ、選手たちが卒業後にマラソンのレベルでさらに引き上げていける土台をつくって、大学を送り出す使命があると思います。

おわりに

人生は、ときに想定外のことや意に反したことが起こります。私が東洋大学の監督に就任したこともそうでした。

1999年に東洋大学を卒業した私は、コニカ（現・コニカミノルタ）に入社しました。

6年間、実業団で競技を続けた後、2005年春に母校の学法石川高校（福島）に社会科の教諭として着任し、陸上競技部の顧問に就きました。4年目を迎え、部活動の指導もようやく軌道に乗りかけたころ、まさかの知らせが飛び込んできました。

2008年12月初旬、2年生の担任だった私は、修学旅行の引率でシンガポールに行っていました。当時の学年主任の先生も東洋大の卒業生で、その先生から母校の陸上部に不祥事があったようだと聞かされたのです。

そんななか、年内に一度、川嶋さんから「次の監督候補の一人として考えている」と電話をいただきました。ですが私は、即答でお断りしました。

学法石川高の陸上部もこれからという時期で、福島県内の有力な中学生を私が勧誘し、翌春には良い選手たちが集まる予定でした。

家族のこともあります。妻は当時育児休暇中でしたが、県立高校の体育教員で、陸上の方でも福島県陸上競技協会の競歩コーチなどの責任ある職に就いていました。

いろいろなことを総合的に考えれば、到底引き受けることはできませんでした。


年が明け、2009年正月。箱根駅伝当日はOBが移動するためのバスに家族で乗せてもらい、5区のコース上で柏原を応援しました。柏原は9位でタスキを受けると、1位との4分58秒差を大逆転して、東洋大を初の往路優勝に導いたのです。予想を超える快走に驚きましたが、あのとき、柏原の闘争心あふれる姿を目の前で見ることができて良かったと思います。

翌日の復路では6区で早稲田大に抜かれましたが、背中が見える位置でつなぎ、8

区で再び逆転。東洋大は9区、10区も冷静な走りで1位を守ったのでした。不祥事があり、一時は出場が危ぶまれたなか、選手たちは感謝の気持ち、走れる喜びを心から表していました。

箱根駅伝に優勝した後、川嶋さんから再度連絡をいただきました。今度は「直接会って話をしたい」と言われ、数日後に川嶋さんが福島に見えました。私はその場で、「検討します」とだけ返事をしました。

当初、妻には黙っていましたが、何かあったことに気付いた様子だったので、「監督要請のお話を断った」と告げました。すると妻は、「引き受けた方がいい」と、私よりもむしろ積極的でした。迷っている私に、「こんな機会は滅多にないのだから」と説得してきました。

さまざまなことが頭をよぎりました。私は学生時代、キャプテンを務めていた4年生のときにケガ明けで箱根駅伝に出場できず、どこか不完全燃焼のまま卒業しました。もちろん、目の前の生徒たちを放って、大学の監督などできないという思いが第一でした。しかし、自分の現役時代を振り返ると、大学という上のレベルから声を掛けられたのは光栄なことで、やってみたいという率直な気持ちもありました。

学生たちに伝えられることがあるのではないか——私はついに、東洋大の監督を引き受けることに決めました。

あれから10年以上のときがたちました。

今では高い目標を掲げて、優勝を目指すチーム作りや世界を目指す選手指導をしています。まだまだ自分自身未熟な面が多く、高い目標に対してとうてい一人ではできないことです。ともに人生を歩んでくれている妻や子供たちの理解とサポートに感謝しかありません。

そして陸上競技部スタッフをはじめ多くの支えてくださる方々とのご縁や恵まれた環境に日々、感謝しなくてはいけないと自分自身に言い聞かせています。

学生には競技を通じた心身成長を望んでいます。箱根駅伝で勝つことは目標ですが、人生の過程で考えれば、さほど大きなことではありません。チームも個人も、めざすことで一歩ずつ成熟していくのだと思います。

人は誰でも、誘惑、挑発、勧誘に負けてしまうものです。しかしトップアスリートには強い芯が必要です。何かあった時に自分が正しいと思ってきた感覚や認識にズレがなかったか、もう一度振り返る機会として捉えられるか、それを人生の糧とできるか。その判断が、その後の人生を大きく左右していきます。

何かが起こった時に、ヒントととらえて内省し、変革することが、人や組織を成熟させるものと考えます。正しいと思っていた感覚や認識が、少しズレてきているなら軌道修正は必要です。自分の人生に起こることで意味のないことはありません。何かのツケが回ってきたかもしれないし、変化のため気づかせるように起きていることかもしれません。

「心を作ること」が学生時代に必要だと、改めて、感じています。スポーツを通じてそれを部員全員が理解し達成できることが私の願いです。

箱根駅伝はきらびやかな舞台であり、多くの人々を魅了してきました。襷にかける熱い青春。学生のひたむきな努力と、仲間たちとの友情。これらは時代を越えて不変なものであり、これからも大事にしていかなければなりません。

一方で以前よりも箱根駅伝に出場するチーム、選手への注目度が増し、情報があふれる時代のなかで、あまりにも外の環境が変化しています。その変化に柔軟に対応した個人とチーム、両面の強化が求められます。

私は監督として、また、ひとりの指導者として、チームや選手一人ひとりをこれからもサポートしていきたいと考えています。

巻末資料

就任以来の箱根駅伝の結果
（上位5校）

第86回大会／2010年1月

1位　東洋大学　2位　駒澤大学　3位　山梨学院大学
4位　中央大学　5位　東京農業大学

第87回大会／2011年1月

1位　早稲田大学　2位　東洋大学　3位　駒澤大学
4位　東海大学　5位　明治大学

第88回大会／2012年1月

1位　東洋大学　2位　駒澤大学　3位　明治大学
4位　早稲田大学　5位　青山学院大学

第89回大会／2013年1月

1位　日本体育大学　2位　東洋大学　3位　駒澤大学
4位　帝京大学　5位　早稲田大学

第90回大会／2014年1月

1位　東洋大学　2位　駒澤大学　3位　日本体育大学
4位　早稲田大学　5位　青山学院大学

第91回大会／2015年1月

1位　青山学院大学　2位　駒澤大学　3位　東洋大学
4位　明治大学　5位　早稲田大学

第92回大会／2016年1月

1位　青山学院大学　2位　東洋大学　3位　駒澤大学
4位　早稲田大学　5位　東海大学

第93回大会／2017年1月

1位　青山学院大学　2位　東洋大学　3位　早稲田大学
4位　順天堂大学　5位　神奈川大学

第94回大会／2018年1月

1位　青山学院大学　2位　東洋大学　3位　早稲田大学
4位　日本体育大学　5位　東海大学

第95回大会／2019年1月

1位　東海大学　2位　青山学院大学　3位　東洋大学
4位　駒澤大学　5位　帝京大学

就任以来の東洋大学の3大駅伝の成績
(2009年度)

2009年10月　第21回出雲大学駅伝　3位　2時間11分19秒

		区間順位	総合順位
1区	柏原竜二(2年)	2位	2位
2区	山本憲二(2年)	6位	1位
3区	渡邊公志(1年)	13位	8位
4区	川上遼平(2年)	1位	6位
5区	佐藤寛才(2年)	2位	2位
6区	高見　諒(3年)	5位	3位

2009年11月　第41回全日本大学駅伝　2位　5時間24分10秒

		区間順位	総合順位
1区	柏原竜二(2年)	2位	2位
2区	宇野博之(2年)	8位	3位
3区	川上遼平(2年)	6位	2位
4区	高見　諒(3年)	4位	2位
5区	千葉　優(3年)	13位	4位
6区	佐藤寛才(2年)	3位	2位
7区	田中貴章(2年)	1位	2位
8区	大津翔吾(3年)	7位	2位

2010年1月　第86回箱根駅伝　総合1位　11時間10分13秒
往路1位　5時間32分02秒　復路2位　5時間38分11秒

		区間順位	総合順位
1区	宇野博之(2年)	5位	5位
2区	大津翔吾(3年)	10位	7位
3区	渡邊公志(1年)	10位	9位
4区	世古浩基(4年)	4位	7位
5区	柏原竜二(2年)	1位	1位
6区	市川孝徳(1年)	9位	1位
7区	田中貴章(2年)	1位	1位
8区	千葉　優(3年)	2位	1位
9区	工藤正也(4年)	10位	1位
10区	高見　諒(3年)	7位	1位

＊学年はいずれも当時

就任以来の東洋大学の3大駅伝の成績
(2010年度)

2010年10月　第22回出雲大学駅伝　4位　2時間11分59秒

		区間順位	総合順位
1区	設楽啓太(1年)	5位	5位
2区	設楽悠太(1年)	2位	3位
3区	川上遼平(3年)	6位	3位
4区	定方俊樹(1年)	8位	3位
5区	本田勝也(4年)	2位	3位
6区	市川孝徳(2年)	7位	4位

2010年11月　第42回全日本大学駅伝　3位　5時間16分21秒

		区間順位	総合順位
1区	設楽啓太(1年)	1位	1位
2区	柏原竜二(3年)	4位	1位
3区	本田勝也(4年)	2位	1位
4区	川上遼平(3年)	2位	2位
5区	設楽悠太(1年)	2位	2位
6区	田中貴章(3年)	3位	2位
7区	渡邊公志(2年)	13位	3位
8区	大津翔吾(4年)	6位	3位

2011年1月　第87回箱根駅伝　総合2位　11時間00分12秒
往路1位　5時間29分50秒　復路2位　5時間30分22秒

		区間順位	総合順位
1区	川上遼平(3年)	8位	8位
2区	設楽啓太(1年)	7位	6位
3区	設楽悠太(1年)	8位	7位
4区	宇野博之(3年)	3位	3位
5区	柏原竜二(3年)	1位	1位
6区	市川孝徳(2年)	3位	2位
7区	大津翔吾(4年)	4位	2位
8区	千葉　優(4年)	1位	2位
9区	田中貴章(3年)	1位	2位
10区	山本憲二(3年)	1位	2位

＊学年はいずれも当時

就任以来の東洋大学の3大駅伝の成績
(2011年度)

2011年10月　第23回出雲大学駅伝　1位　2時間10分43秒

		区間順位	総合順位
1区	柏原竜二(4年)	6位	6位
2区	川上遼平(4年)	3位	3位
3区	設楽悠太(2年)	1位	2位
4区	田中貴章(4年)	1位	1位
5区	市川孝徳(3年)	1位	1位
6区	設楽啓太(2年)	5位	1位

2011年11月　第43回全日本大学駅伝　2位　5時間16分19秒

		区間順位	総合順位
1区	設楽啓太(2年)	7位	7位
2区	設楽悠太(2年)	7位	6位
3区	宇野博之(4年)	2位	2位
4区	川上遼平(4年)	3位	2位
5区	田中貴章(4年)	2位	2位
6区	山本憲二(4年)	1位	2位
7区	市川孝徳(3年)	2位	2位
8区	柏原竜二(4年)	1位	2位

2012年1月　第88回箱根駅伝　総合1位　10時間51分36秒
往路1位　5時間24分45秒　復路1位　5時間26分51秒

		区間順位	総合順位
1区	宇野博之(4年)	4位	4位
2区	設楽啓太(2年)	2位	1位
3区	山本憲二(4年)	2位	1位
4区	田口雅也(1年)	1位	1位
5区	柏原竜二(4年)	1位	1位
6区	市川孝徳(3年)	1位	1位
7区	設楽悠太(2年)	1位	1位
8区	大津顕杜(2年)	1位	1位
9区	田中貴章(4年)	6位	1位
10区	齋藤貴志(3年)	1位	1位

＊学年はいずれも当時

就任以来の東洋大学の3大駅伝の成績
(2012年度)

2012年10月　第24回出雲大学駅伝　2位　2時間11分10秒

		区間順位	総合順位
1区	設楽啓太(3年)	8位	8位
2区	市川孝徳(3年)	6位	4位
3区	服部勇馬(1年)	2位	2位
4区	設楽悠太(3年)	2位	2位
5区	高久　龍(2年)	1位	2位
6区	大津顕杜(3年)	6位	2位

2012年11月　第44回全日本大学駅伝　2位　5時間13分32秒

		区間順位	総合順位
1区	田口雅也(2年)	1位	1位
2区	設楽啓太(3年)	3位	2位
3区	延藤　潤(3年)	2位	1位
4区	設楽悠太(3年)	3位	1位
5区	高久　龍(2年)	3位	1位
6区	市川孝徳(4年)	2位	1位
7区	佐久間建(3年)	1位	1位
8区	服部勇馬(1年)	6位	2位

2013年1月　第89回箱根駅伝　総合2位　11時間18分20秒
往路3位　5時間42分54秒　復路4位　5時間35分26秒

		区間順位	総合順位
1区	田口雅也(2年)	1位	1位
2区	設楽啓太(3年)	3位	2位
3区	設楽悠太(3年)	1位	1位
4区	淀川弦太(2年)	11位	1位
5区	定方俊樹(3年)	10位	3位
6区	市川孝徳(4年)	4位	2位
7区	高久　龍(2年)	4位	2位
8区	大津顕杜(3年)	7位	2位
9区	服部勇馬(1年)	3位	2位
10区	冨岡　司(4年)	7位	2位

*学年はいずれも当時

就任以来の東洋大学の3大駅伝の成績
(2013年度)

2013年10月　第25回出雲大学駅伝　2位　2時間10分17秒

		区間順位	総合順位
1区	田口雅也(3年)	6位	6位
2区	服部弾馬(1年)	6位	7位
3区	設楽悠太(4年)	3位	6位
4区	延藤　潤(4年)	3位	4位
5区	服部勇馬(2年)	1位	2位
6区	設楽啓太(4年)	2位	2位

2013年11月　第45回全日本大学駅伝　2位　5時間16分19秒

		区間順位	総合順位
1区	設楽悠太(4年)	2位	2位
2区	服部勇馬(2年)	4位	1位
3区	延藤　潤(4年)	2位	1位
4区	田口雅也(3年)	4位	2位
5区	大津顕杜(4年)	3位	2位
6区	日下佳祐(4年)	2位	2位
7区	淀川弦太(3年)	3位	2位
8区	設楽啓太(4年)	5位	2位

2014年1月　第90回箱根駅伝　総合1位　10時間52分51秒
往路1位　5時間27分13秒　復路1位　5時間25分38秒

		区間順位	総合順位
1区	田口雅也(3年)	3位	3位
2区	服部勇馬(2年)	3位	2位
3区	設楽悠太(4年)	1位	1位
4区	今井憲久(3年)	3位	1位
5区	設楽啓太(4年)	1位	1位
6区	日下佳祐(4年)	4位	1位
7区	服部弾馬(1年)	1位	1位
8区	高久　龍(3年)	1位	1位
9区	上村和生(2年)	4位	1位
10区	大津顕杜(4年)	1位	1位

＊学年はいずれも当時

就任以来の東洋大学の3大駅伝の成績
（2014年度）

2014年10月　第26回出雲大学駅伝　中止

2014年11月　第46回全日本大学駅伝　4位　5時間18分09秒

		区間順位	総合順位
1区	服部弾馬（2年）	10位	10位
2区	服部勇馬（3年）	1位	2位
3区	櫻岡　駿（2年）	6位	2位
4区	高久　龍（4年）	4位	2位
5区	渡邊一磨（3年）	5位	3位
6区	今井憲久（4年）	4位	3位
7区	名倉啓太（4年）	4位	3位
8区	田口雅也（4年）	4位	4位

2015年1月　第91回箱根駅伝　総合3位　11時間01分22秒
往路3位　5時間30分47秒　復路4位　5時間30分35秒

		区間順位	総合順位
1区	田口雅也（4年）	4位	4位
2区	服部勇馬（3年）	1位	1位
3区	上村和生（3年）	6位	4位
4区	櫻岡　駿（2年）	4位	4位
5区	五郎谷俊（4年）	11位	3位
6区	高橋尚弥（3年）	8位	4位
7区	服部弾馬（2年）	3位	3位
8区	今井憲久（4年）	6位	3位
9区	寺内将人（3年）	9位	4位
10区	淀川弦太（4年）	5位	3位

＊学年はいずれも当時

就任以来の東洋大学の3大駅伝の成績
(2015年度)

2015年10月　第27回出雲大学駅伝　4位　2時間10分40秒

		区間順位	総合順位
1区	高橋尚弥(4年)	12位	12位
2区	服部勇馬(4年)	3位	8位
3区	服部弾馬(3年)	2位	5位
4区	口町　亮(3年)	1位	3位
5区	野村峻哉(2年)	3位	3位
6区	櫻岡　駿(3年)	4位	4位

2015年11月　第47回全日本大学駅伝　1位　5時間13分04秒

		区間順位	総合順位
1区	服部勇馬(4年)	1位	1位
2区	服部弾馬(3年)	1位	1位
3区	口町　亮(3年)	1位	1位
4区	櫻岡　駿(3年)	5位	1位
5区	高橋尚弥(4年)	2位	2位
6区	野村峻哉(2年)	2位	1位
7区	堀　龍彦(2年)	1位	1位
8区	上村和生(4年)	4位	1位

2016年1月　第92回箱根駅伝　総合2位　11時間00分36秒
往路2位　5時間28分59秒　復路2位　5時間31分37秒

		区間順位	総合順位
1区	上村和生(4年)	7位	7位
2区	服部勇馬(4年)	1位	2位
3区	服部弾馬(3年)	3位	2位
4区	小笹　椋(1年)	6位	2位
5区	五郎谷俊(4年)	3位	2位
6区	口町　亮(3年)	4位	2位
7区	櫻岡　駿(3年)	2位	2位
8区	山本修二(1年)	9位	2位
9区	高橋尚弥(4年)	5位	2位
10区	渡邊一磨(4年)	3位	2位

＊学年はいずれも当時

就任以来の東洋大学の3大駅伝の成績
（2016年度）

2016年10月　第28回出雲大学駅伝　9位　2時間14分25秒

		区間順位	総合順位
1区	櫻岡　駿（4年）	7位	7位
2区	中村　駆（1年）	9位	10位
3区	服部弾馬（4年）	3位	7位
4区	渡邉奏太（1年）	12位	9位
5区	野村峻哉（3年）	9位	9位
6区	山本采矢（4年）	8位	9位

2016年11月　第48回全日本大学駅伝　6位　5時間19分49秒

		区間順位	総合順位
1区	服部弾馬（4年）	1位	1位
2区	櫻岡　駿（4年）	11位	6位
3区	相澤　晃（1年）	4位	4位
4区	小笹　椋（2年）	9位	7位
5区	渡邉奏太（1年）	7位	5位
6区	竹下和輝（3年）	10位	7位
7区	小早川健（3年）	10位	6位
8区	山本修二（2年）	4位	6位

2017年1月　第93回箱根駅伝　総合2位　11時間11分31秒
往路4位　5時間36分25秒　復路2位　5時間35分06秒

		区間順位	総合順位
1区	服部弾馬（4年）	1位	1位
2区	山本修二（2年）	11位	8位
3区	口町　亮（4年）	3位	4位
4区	櫻岡　駿（4年）	4位	3位
5区	橋本　澪（4年）	12位	4位
6区	堀　龍彦（3年）	13位	4位
7区	小笹　椋（2年）	7位	3位
8区	竹下和輝（3年）	4位	3位
9区	野村峻哉（3年）	1位	2位
10区	小早川健（3年）	10位	2位

＊学年はいずれも当時

就任以来の東洋大学の3大駅伝の成績
(2017年度)

2017年10月　第29回出雲大学駅伝　5位　2時間15分36秒

		区間順位	総合順位
1区	西山和弥(1年)	5位	5位
2区	相澤　晃(2年)	6位	5位
3区	山本修二(3年)	2位	2位
4区	吉川洋次(1年)	4位	3位
5区	今西駿介(2年)	10位	3位
6区	渡邉奏太(2年)	11位	5位

2017年11月　第49回全日本大学駅伝　5位　5時間16分29秒

		区間順位	総合順位
1区	相澤　晃(2年)	1位	1位
2区	渡邉奏太(2年)	2位	1位
3区	西山和弥(1年)	3位	1位
4区	山本修二(3年)	2位	1位
5区	中村　駆(2年)	5位	1位
6区	浅井崚雅(1年)	16位	4位
7区	小笹　椋(3年)	8位	5位
8区	吉川洋次(1年)	4位	5位

2018年1月　第94回箱根駅伝　総合2位　11時間02分32秒
往路1位　5時間28分29秒　復路2位　5時間34分03秒

		区間順位	総合順位
1区	西山和弥(1年)	1位	1位
2区	相澤　晃(2年)	3位	1位
3区	山本修二(3年)	1位	1位
4区	吉川洋次(1年)	2位	1位
5区	田中龍誠(1年)	9位	1位
6区	今西駿介(2年)	5位	2位
7区	渡邉奏太(2年)	3位	2位
8区	浅井崚雅(1年)	7位	2位
9区	小早川健(4年)	3位	2位
10区	小笹　椋(3年)	1位	2位

＊学年はいずれも当時

就任以来の東洋大学の3大駅伝の成績
(2018年度)

2018年10月　第30回出雲大学駅伝　2位　2時間12分10秒

		区間順位	総合順位
1区	相澤　晃(3年)	2位	2位
2区	西山和弥(2年)	6位	3位
3区	山本修二(4年)	3位	3位
4区	小笹　椋(4年)	4位	2位
5区	今西駿介(3年)	1位	2位
6区	吉川洋次(2年)	1位	2位

2018年11月　第50回全日本大学駅伝　3位　5時間15分57秒

		区間順位	総合順位
1区	田上　建(2年)	10位	11位
2区	西山和弥(2年)	14位	14位
3区	今西駿介(3年)	4位	8位
4区	浅井崚雅(2年)	7位	10位
5区	小笹　椋(4年)	3位	5位
6区	鈴木宗孝(1年)	5位	5位
7区	山本修二(4年)	3位	3位
8区	相澤　晃(3年)	1位	3位

2019年1月　第95回箱根駅伝　総合3位　10時間58分03秒
往路1位　5時間26分31秒　復路5位　5時間31分32秒

		区間順位	総合順位
1区	西山和弥(2年)	1位	1位
2区	山本修二(4年)	4位	2位
3区	吉川洋次(2年)	4位	2位
4区	相澤　晃(3年)	1位	1位
5区	田中龍誠(2年)	8位	1位
6区	今西駿介(3年)	3位	1位
7区	小笹　椋(4年)	3位	1位
8区	鈴木宗孝(1年)	3位	2位
9区	中村拳悟(4年)	19位	2位
10区	大澤　駿(2年)	10位	3位

＊学年はいずれも当時

オリンピック&世界選手権代表
(長距離部門)

オリンピック代表

奥沢善二	1964年東京五輪・男子3000m障害出場(東急)
三浦信由(旧姓:松田)	
	1968年メキシコ五輪・男子3000m障害出場 (東洋ベアリング)
今村文男	1992年バルセロナ、 2000年シドニー五輪・男子50km競歩出場(富士通)
西塔拓己	2012年ロンドン五輪・男子20km競歩出場
石川末廣	2016年リオ五輪・男子マラソン出場(Honda)
北島寿典	2016年リオ五輪・男子マラソン出場(安川電機)
設楽悠太	2016年リオ五輪・男子10000m出場(Honda)
松永大介	2016年リオ五輪・男子20km競歩出場
服部勇馬	2020年東京五輪・男子マラソン代表内定(トヨタ自動車)
川野将虎	2020年東京五輪・男子50km競歩代表内定

世界選手権代表

今村文男	1991年大会から7大会続けて50km競歩に出場 1991年7位、97年アテネ大会6位入賞(富士通)
藤野原稔人	2003年パリ大会・男子20km競歩出場(三水テクノ)
松崎彰徳	2003年パリ大会・男子20km競歩出場
久保田満	2007年大阪大会・男子マラソン出場(旭化成)
北岡幸浩	2011年テグ大会・男子マラソン出場(NTN)
西塔拓己	2013年モスクワ大会・男子20km競歩6位入賞
設楽悠太	2015年北京大会・男子10000m出場(Honda)
松永大介	2017年ロンドン大会・男子20km競歩出場(富士通)
池田向希	2019年ドーハ大会・男子20km競歩6位入賞

*( )は大会当時の所属、空欄は当時大学生

就任以来の国際レース
（長距離部門）

ユニバーシアード

設楽悠太　2013年ロシア・カザン・男子ハーフマラソン出場
松永大介　2015年韓国・光州・男子20km競歩銅メダル
及川文隆　2017年台湾・台北・男子20㎞競歩銅メダル
池田向希　2019年イタリア・ナポリ・男子20㎞競歩金メダル
川野将虎　2019年イタリア・ナポリ・男子20㎞競歩銀メダル
相澤　晃　2019年イタリア・ナポリ・男子ハーフマラソン金メダル
西山和弥　2019年イタリア・ナポリ・男子10000ｍ 8位入賞

世界ジュニア選手権（2016年大会からU20世界選手権）

西塔拓己　2012年スペイン・バルセロナ・男子10000ｍ競歩4位入賞
服部弾馬　2014年アメリカ・ユージン・男子10000ｍ 8位入賞
松永大介　2014年アメリカ・ユージン・男子10000ｍ競歩金メダル
山下優嘉　2014年アメリカ・ユージン・男子10000ｍ競歩4位入賞
長山達彦　2018年フィンランド・タンペレ・男子10000ｍ競歩出場

アジアジュニア選手権

小池寛明　2010年ベトナム・ハノイ・男子3000ｍ障害金メダル
設楽悠太　2010年ベトナム・ハノイ・男子10000ｍ 銀メダル
服部弾馬　2014年台湾・台北・男子10000ｍ 金メダル
及川文隆　2014年台湾・台北・男子10000ｍ競歩 金メダル
相澤　晃　2016年ベトナム・ホーチミン・男子5000ｍ 銀メダル
渡邉奏太　2016年ベトナム・ホーチミン・男子10000ｍ 金メダル
小室　翼　2016年ベトナム・ホーチミン・男子3000ｍ障害銀メダル

就任以来の国際レース
(長距離部門)

世界学生クロスカントリー

川上遼平　2010年カナダ・キングストン・男子10k出場
設楽悠太　2012年ポーランド・ウッチ・男子10500m2位
田口雅也　2012年ポーランド・ウッチ・男子10500m出場
渡邉奏太　2018年スイス・ザンクトガレン・男子4位
西山和弥　2018年スイス・ザンクトガレン・男子出場
今西駿介　2018年スイス・ザンクトガレン・男子出場

世界競歩チーム選手権

池田向希　2018年中国・太倉・男子20㎞競歩 個人金メダル　団体金メダル

Hood to Coast

2012年アメリカ・オレゴン・優勝
2018年アメリカ・オレゴン・優勝

就任以来の卒業生の進路
(長距離部門)

実業団選手

工藤正也(2010年卒)	自衛隊体育学校 → 引退
岸村好満(2010年卒)	愛三工業 → 引退
川原崇徳(2010年卒)	セキノ興産 → 引退
千葉　優(2011年卒)	Honda → 引退
大津翔吾(2011年卒)	JR東日本 → 引退
鴛海辰矢(2011年卒)	西鉄
前田信哉(2011年卒)	重川材木店 → 引退
富永　光(2011年卒)	マツダ → 引退
柏原竜二(2012年卒)	富士通(現役引退。現在同社企業スポーツ推進室)
川上遼平(2012年卒)	カネボウ → 引退
八木沢直也(2012年卒)	新電元
山本憲二(2012年卒)	マツダ
宇野博之(2012年卒)	Honda → 引退
佐藤寛才(2012年卒)	小森コーポレーション → 引退
田中貴章(2012年卒)	NTN → 引退
市川孝徳(2013年卒)	日立物流
柿本崇志(2013年卒)	ダイハツ　ランニングコーチ
土屋天地(2013年卒)	新電元 → 引退
川原卓也(2013年卒)	セキノ興産 → 引退
富岡　司(2013年卒)	日立物流 → 引退
西山祐生(2013年卒)	コモディイイダ → 引退
渡邉公志(2013年卒)	SUBARU → 引退
設楽啓太(2014年卒)	日立物流
設楽悠太(2014年卒)	Honda
大津顕杜(2014年卒)	トヨタ自動車九州
日下佳祐(2014年卒)	日立物流

＊所属は2019年10月現在

就任以来の卒業生の進路
(長距離部門)

実業団選手

定方俊樹(2014年卒)	MHPS
延藤　潤(2014年卒)	マツダ
木田貴大(2014年卒)	コモディイイダ
佐久間建(2014年卒)	自衛隊体育学校 → 引退
髙久　龍(2015年卒)	ヤクルト
田口雅也(2015年卒)	Honda
淀川弦太(2015年卒)	愛三工業
名倉啓太(2015年卒)	マツダ → 引退
上村和生(2016年卒)	大塚製薬
五郎谷俊(2016年卒)	コモディイイダ
寺内將人(2016年卒)	愛知製鋼
長谷川直輝(2016年卒)	セキノ興産
服部勇馬(2016年卒)	トヨタ自動車
渡邉一磨(2016年卒)	安川電機→引退
高橋尚弥(2016年卒)	安川電機
湯田晟旭(2016年卒)	トーエネック→引退
服部弾馬(2017年卒)	トーエネック
口町　亮(2017年卒)	SUBARU
櫻岡　駿(2017年卒)	NTN
橋本　澪(2017年卒)	マツダ
堀　龍彦(2018年卒)	九電工
野村峻哉(2018年出)	安川電機
竹下和輝(2018年卒)	自衛隊体育学校
小早川健(2018年卒)	NTN
小笹　椋(2019年卒)	小森コーポレーション
中村拳梧(2019年卒)	SUBARU
山本修二(2019年卒)	旭化成

＊所属は2019年10月現在

就任以来の卒業生の進路
（長距離部門）

実業団選手

競歩

西塔拓己（2015年卒）　愛知製鋼

松永大介（2017年卒）　富士通

及川文隆（2018年卒）　福井県スポーツ協会

など多数

＊所属は2019年10月現在

酒井俊幸（さかい・としゆき）

東洋大学陸上競技部 長距離部門監督。

1976年福島県生まれ。学校法人石川高等学校卒業後、東洋大学経済学部に入学。大学時代には、1年時から箱根駅伝に3回出場し、4年時にはキャプテンを務めたが、貧血や度重なる故障に悩み、4年時の箱根駅伝は欠場する。大学卒業後、コニカ（現・コニカミノルタ）に入社。2001年から2003年まで全日本実業団駅伝3連覇のメンバーとして貢献。V2、V3のアンカーとして胴上げも経験、強豪となったコニカミノルタを支えた。選手引退後は、母校である学校法人石川高等学校で教鞭をとりながら、同校の陸上部顧問を務めた。

2009年より、川嶋伸次監督の後任として、32歳で東洋大学陸上競技部長距離部門の監督（現職）に就任。就任1年目で、箱根駅伝に出場した大学の監督の中では最年少ながらチームを優勝に導くという快挙を達成する。その後もチームの育成に尽力し、箱根駅伝では、優勝3回、準優勝5回、3位2回、あわせて10年連続3位以内という成績を達成。また、学生三大駅伝（出雲、全日本、箱根）すべてで優勝を経験。実業団、教員の経験を生かした「チームづくり」「選手の育成」で、東洋大学を常勝チームへ導く。

指導方針としては、「世界と戦える選手育成」を掲げ、ロンドン・リオ・東京五輪に選手を輩出。設楽悠太は16年ぶりにマラソンの日本記録を更新し、服部勇馬は2020年の東京五輪の代表を決めるMGC（マラソングランドチャンピオンシップ）において準優勝、代表の座を内定させた。また、競歩でも世界レベルで活躍する選手たちを多数育成。リオ五輪で男子20km競歩において7位入賞を果たした松永大介や、ロンドン五輪で男子20km競歩に出場した西塔拓己、東京五輪に内定している男子50km競歩の川野将虎などがいる。

著書に『その1秒をけずりだせ　駅伝・東洋大スピリッツ』（ベースボールマガジン社）がある。

怯まず前へ

2019年11月27日　第1刷発行
2019年12月12日　第2刷
著　者　酒井　俊幸
発行者　千葉　均
編　集　大塩　大
発行所　株式会社ポプラ社
〒102-8519　東京都千代田区麹町4-2-6
電話03-5877-8109（営業）　03-5877-8112（編集）
一般書事業局ホームページ　www.webasta.jp

印刷・製本　共同印刷株式会社

N.D.C.782/214P/19cm　ISBN978-4-591-16058-9

P8008222